目次
CONTENTS

●おとなの馬券学No.159は6月12日(金)発売です。

プロの眼力　この馬どこまで出世するか

丹下日出夫
（毎日新聞社）

開催場所	馬　名	走破タイム	コース距離適性	ポイント	最終クラス
2回中山 2月29日 5R	父　ダイワメジャー ラパンセソバージュ（牡3） 母　ブラジリアンビューティ	3歳未勝利 芝1600m 1.34.1（良）	芝 1400～1600m	東京・芝1800mのデビュー戦は1分49秒6で3着。父はダイワメジャー、マイル短縮は吉と出るだろうと睨んでいたが、1000m通過・58秒4というタフなミドルペースを、レースの上がりを0秒8上回る34秒9で坂上ビュンと一気差し。2着には2馬身差、1分34秒1という走破タイムは古馬1勝クラスより上。もう1～2勝を消耗なく積み上げれば5月はNHKマイル。	オープン
2回中山 2月29日 6R	父　オルフェーヴル ヘイルメリー（牡3） 母　クーデグレイス	3歳新馬 芝2000m 2.03.4（良）	芝 2400m	半兄ブラックプラチナム（父ステイゴールド）は、2000mをベースに現在3勝クラス。オルフェーヴル産駒の本馬は、兄を一回り長く大きくした520キロの大型馬。前半1000m通過は1分3秒0の超スロー、上がりラップは12秒3―11秒7―12秒1。11秒台の連続ラップもしくは11秒2～3の高速ラップが欲しかったが、良質マラソンランナーだ。秋は菊花賞。	オープン
2回中山 3月1日 5R	父　タートルボウル オラコモエスタス（牡3） 母　パーソナルブレーン	3歳未勝利 芝2000m 2.02.7（良）	芝 1800～2000m	勝ち上がりまでに4戦を要したが、2000mの時計や上がりラップを走るたび更新。今日は好発、馬任せでハナへ。5F通過・1分3秒0のスロー、どうぞ逃げてくださいという展開に持ち込み、上がり3Fは12秒1―11秒4―11秒9という好ラップで2着には5馬身差の楽勝。今日の戦法で真正面からぶつかれば次の1勝もあまり時間はかからない。	3勝クラス
2回中山 3月1日 9R	父　ルーラーシップ クロスセル（牝3） 母　トップセラー	水仙賞 （3歳1勝クラス） 芝2200m 2.13.1（良）	芝 2400m	祖母プロモーションはクイーンS勝ち。母は3勝、母の弟アドマイヤメインはダービー2着。体重は526キロ、パワー血脈を絵にかいたような巨漢牝馬。前半1000mは59秒8―2000m通過は2分0秒6というハイペースで展開、上がり35秒8でゴール前もうひと押し。2分13秒1というタイムは、古馬2勝クラスと五分。オークスの掲示板がチラリと見えた。	3勝クラス
1回阪神 3月1日 10R	父　ディープインパクト レクセランス（牡3） 母　エクセレンスⅡ	すみれS （3歳L） 芝2200m 2.12.7（良）	芝 2400m	母は仏1000ギニー3着、仏オークス3着。1000m通過は1分1秒5のスローながら、残り4F標識から一気に11秒7にペースアップ。続く3Fは11秒3―11秒7―12秒3（35秒3）。直線右ムチでフォームなど矯正しつつ、自身34秒8で外一気。2分12秒7は京都新聞杯レベル、ダービーへの記録的論拠は整った。	GⅡ
2回中山 3月7日 5R	父　ロードカナロア クロミナンス（牡3） 母　イリュミナンス	3歳未勝利 芝1800m 1.49.6良）	芝 1800m	母はクイーンC3着、クイーンS3着。秋の東京・芝マイルの新馬戦は480キロで出走、1番人気に支持されたが踏ん張り切れず逃げて3着。5カ月間隔をあけ24キロ増量。身体もプリプリだが脚捌きも重厚さを増す。直線外に持ち出し、加速ラップで2着を3馬身切り捨てる横綱相撲。カナロア産駒ながら、9Fが距離の柱となるだろう、重賞予備軍。	オープン

開催場所	馬　名		コース距離適性	ポイント	最終クラス
1回阪神 3月7日 5R	父　キズナ スズカキング （牡3） 母　リアリサトリス	3歳未勝利 芝2000m 2.00.3（良）	芝 2000m	デビューから3戦目、本日はブリンカーを装着。ならば先手、1000m通過は1分0秒8の緩ペースに落とせた。自分のリズムで走れているからか、前2戦よりフットワークは伸びやか。勝負どころでは自らハミを取り、終い3Fは11秒7—11秒5—12秒1でパンチアウト。2分0秒3は翌日の古馬1勝クラスより1秒3速い。馬券妙味な逃げ馬になる。	3勝クラス
1回阪神 3月14日 4R	父　キンシャサノキセキ アンジェロフィリオ （牡3） 母　エンジェルフォール	3歳新馬 ダート1800m 1.54.5（重）	ダート 1800m	母の全兄はフサイチホウオー、全姉はアヴェンチュラ。キンシャサノキセキ産駒ながら、背中も首も四肢も長い、ムチッと張った524キロの鹿毛馬。好スタートを決め単騎逃げ。道中は頭を上げたり、あたりをきょろきょろ。ソラを使いながらも直線に向くと再加速。終わってみれば後続を1秒9突き放す大差勝ち。気性調整がかなえばGⅢはいける。	オープン
1回阪神 3月15日 4R	父　ディープインパクト デゼル （牝3） 母　アヴニールセルタン	3歳未勝利 芝1800m 1.48.7（稍）	芝 2000m	母は仏1000ギニー、仏オークスをブッコ抜いた名牝。1歳時アクシデント発生、3月デビューとなったが、経験馬相手に1000m通過・60秒7のミドルを後方で脚をため、あっというまにゴール前強襲。レースの上がりを1秒2も上回る34秒4を計測、最速に達した際の首と脚のしなやかさは惚れ惚れする。次走は忘れな草賞？　3戦目でオークス優勝？——まさかね…。	GⅠ
2回中山 3月20日 11R	父　キズナ アブレイズ （牝3） 母　エディン	フラワーC （3歳GⅢ） 芝1800m 1.48.2（良）	芝 2200～2400m	2月の京都・芝2000mで新馬勝ち。ただ時計は2分5秒8、上がりラップなど能力が判断しにくかった。12番人気、思い切った先行策を選べる、チャレンジャーの立場ではあったが、1000m通過は59秒2というハイペースを、ラスト2F目の坂下11秒8でひと踏ん張り。1分48秒2は同じ週のスプリングSより1秒6速かった。長丁場の牝馬重賞の、実は主役級かも？	GⅢ
1回阪神 3月20日 6R	父　ルーラーシップ フアナ （牝3） 母　イサベル	3歳未勝利 芝1800m 1.47.9（良）	芝 1800m	母イサベルは4勝馬、母の弟アドミラブルはダービー3着。新馬戦は2着惜敗、敗れた相手は後述のアドマイヤビルゴ。単純に相手が悪かった。腰が小さく細く、ギアチェンジにワンアクションが必要だが、11秒3—11秒4—12秒1（3Fは34秒8）というレースラップを34秒0で強襲。ひと夏越え2勝を積み上げ、秋華賞が楽しみです。	オープン
1回阪神 3月21日 5R	父　ディープインパクト スマートクラージュ （牡3） 母　レジェトウショウ	3歳未勝利 芝1600m 1.34.3（良）	芝 1400m	胸前分厚く、四肢は短めのタンク型。初陣はあっちへフラフラ、こっちへヨロヨロ。2着と自爆したが、今日は1000m通過・1分フラットという緩ペースを折り合って先手。ラスト3F目から11秒2とペースアップ、残り2F標識を馬なりで11秒0で通過、最後は手綱を押さえる楽勝。1分34秒3という走破タイムは古馬2勝クラスに匹敵。7～8Fのオープン特別はいける。	オープン
1回阪神 3月21日 11R	父　ディープインパクト アドマイヤビルゴ （牡3） 母　イルーシヴウェーヴ	若葉S （3歳L） 芝2000m 1.58.6（良）	芝 2000m	6億を超えるチョー高額馬だが、新馬勝ち時はハテナマークいっぱい。しかし若葉Sは1000m通過・59秒9のミドルで展開。ラスト4F目は11秒9、上がり3Fのレースラップは34秒7。自身の上がりは33秒6——この数字って、京都と阪神の違いはあるものの、父ディープの若駒Sの上がりと一緒だ。皐月賞、ダービーを、理屈上は勝てる計算。	GⅠ

記録は2020年3月21日現在

競馬で出会った人⑱

コロナ騒動の最中、いつまで楽しめるのか競馬

五十嵐英夫（アンプラグド）

世の中はコロナウイルス問題で大変なことになっている。3月末の日曜日、不要ではなく必要な用事があったので吉祥寺へ出かけた。例年ならば、お花見の名所として知られる井の頭公園を訪れる見物客であふれかえっているというのに、街は閑散としていた。

コロナウイルス感染者の数が増えつつあるいま、東京都が打ちだしている対策のなかで中心となっているのは、不要不急の外出禁止だ。他人との接触をできるだけ避けるため、遊びに出かけず、会社の仕事も家にこもって、在宅勤務で対応しなさいということだ。

しかしながら、そんな簡単に在宅勤務できるのだろうか。いまやパソコンは誰もが所有し、通信環境も整っているので、家でも仕事はできるという発想は、短絡すぎないだろうか。IT企業や大きな企業は別として、中小企業は週に1日だったらできるかもしれないが、2日以上はとてもムリだと思う。

仕事をするには、パソコンやプリンター複合機、資料類が揃っていることに加えて、業務遂行の意識が高まるような事務空間でなければならない。我々のような少人数の編集制作会社であれば、つねに連携して力を結集させることも必要だ。スタッフが一人でも事務所から欠けると仕事が滞ってしまうので、正直にいえば在宅勤務は歓迎できるものではない。

しかしながら、人の命のほうが大事なことは間違いない。どうしたものだろうか…。

コロナ騒動は競馬にも大きな影響をもたらしている。3月28日のドバイワールドカップに出走するはずだったアーモンドアイも、レース中止のため遠征先のドバイから無念の帰国である。2月の終わりから始まった無観客競馬はまだ継続中で、この先の見通しはたっていない。このままだと、桜花賞、皐月賞、オークス、ダービーも無観客で実施されるかもしれない。

そうなった場合、味気ないクラシックレースになってしまうが、レースが実施されるのだから、まだ受け入れられそうだ。問題は一定期間、競馬が中止となる事態だ。

春のクラシックレースが実施されない場合でも、東京五輪のように次年度に延期というわけにもいかない。2020年の3歳クラシック馬が存在しない可能性もでてくるのである。

しかし、これだけはあって欲しくはない。そうなると競馬の歴史に穴があく残念さもあるが、今年の3歳クラシックは久しぶりの激戦が期待できるからだ。牡馬も牝馬も、3歳重賞レースの結果を見る限りでは、まだ勢力図が見えてこない。

シンザン記念、フェアリーS、京成杯、きさらぎ賞、クイーンC、共同通信杯、チューリップ賞、弥生賞、フィリーズレビュー、フラワーC、スプリングS、毎日杯という今年行われた3歳重賞で、1番人気がことごとく敗れ去っている。本命の有力馬が本番直行で、これらの前哨戦をパスしているからだという説もあるが、群雄割拠の年だと考えたほうが面白くなる。だから、コロナ騒動も何とか収束してもらいたいと切望する春の毎日である。

●おとなの馬券学発売予定

（競馬開催の変更により発売日を変更する場合があります）

No.159	2020年 6月12日(金)	2回福島 4回阪神 2回函館
No.160	2020年 8月28日(金)	4回中山 2回中京 ローカル開催なし
No.161	2020年 9月18日(金)	4回東京 4回京都 4回新潟 3回福島
No.162	2020年 10月16日(金)	5回東京 5回阪神 3回福島
No.163	2020年 11月13日(金)	5回中山 6回阪神 3回中京
No.164	2021年 1月15日(金)	1回東京 2回中京 1回小倉

2020年 2回、3回新潟、2回小倉、1回、2回札幌開催分は発売しません。
2021年 1月の1回中山、1回中京、1回小倉初日～4日開催分は発売しません。
ご了承ください。

定期購読のご案内

あなたのお手許に、おとなの馬券学が届きます。毎号購読したい方、入手困難な地域の方にお勧めします。6号分で5988円。送料は小社が負担いたします。

1・お申し込みは、巻末の郵便振替用紙をご利用ください。
2・お名前、ご住所には必ずフリガナをお付けください。
3・郵便事情などにより、発売日より数日遅れて、(開催日には十分間に合います)
本が配達になる場合もあります。ご了承ください。
4・住所変更などがあった場合は、小社宛、必ずご連絡ください。

バックナンバーのお申し込みについて

バックナンバーのお求めは、お近くの書店にお申し込みください。
書店申し込みがご不便な方は、下記の1か2によりお申し込みください。

1・下記の小社メールアドレスからお申し込みください。
mideamu@jcom.home.ne.jp

2・郵便番号、ご住所、お名前、お電話番号、お申し込みの本のタイトルを明記し、小社ファックス宛、お申し込みください。
ファックス・03-3324-1275

3回東京　好走馬の傾向と対策

独自の分析による後半4レースの狙い目

泉澤慶司

3回東京初日（6月6日）
9R　国分寺特別
3歳以上1勝クラス
芝1800m

2017年は芝1600m、18年は芝1400m、19年は芝1800mで行われてきた国分寺特別は、どの距離で行われても1番人気馬が連対し、2～4番人気馬が3着以内にくるという超鉄板レースだ。

夏場の東京芝のレースは前半が超スローペースになる。そうなると前に行く馬が有利。逃げ、先行馬が好成績だ。差し、追い込み馬は3着が精いっぱいだ。

重要なのは左回り芝での実績。特に東京芝で勝ったことがある馬が軸に最適だ。また、19年から降級制がなくなり、3歳馬が活躍するレースになった。

3年連続で堅く収まったが、それ以前は波乱になったこともある。そのときの主役は人気薄の関西馬だ。また今年になって3、4戦、常に上位争いをしてきた人気馬が、連戦の疲れからか凡走してしまうことがあるので注意しよう。

この時期は、春競馬で活躍してきた馬と、この日から始まる夏競馬を狙っていた馬の混合戦になる。人気は春競馬の活躍馬に偏りがちだが、休み明け１、２戦目の人気薄の馬に要注意だ。

　堅く収まろうが波乱になろうが、５歳以上の馬は３着以内にほとんどこないだろう。

10R　由比ヶ浜特別
３歳以上２勝クラス
芝１４００ｍ　ハンデ

　53キロ以下の軽ハンデ馬と57キロ以上の重ハンデ馬が優勢で、ハンデ55、56キロの馬が苦戦するレースだ。ハンデ戦でもこういうのは珍しい。１番人気馬が苦戦し、６番人気以下、２桁人気馬も３着以内に毎年くるので、馬券は荒れ模様だ。特に２０１８年は１〜４番人気馬がすべて着外、10、５、13番人気で決まり３連単は１７０万馬券だった。

　53キロ以下で３着以内にきた馬は、前走東京芝コースでそこそこ走ったのになぜか人気薄だった。マイナー血統の馬やリーディング下位の騎手が騎乗して人気薄の馬は、前走の勝ち馬からの着差、タイム差を細かくチェックすべきだ。

　ハイペースになることはなく、逃げ、先行馬が優勢なことが多いが、近走３ハロン33秒〜34秒台前半の脚を使った差し、追い込み馬は要警戒だ。

11R　スレイプニルS
３歳以上オープン
ダート２１００ｍ

　３回東京開催でダート２１００ｍのオープン特別は、２０１９年に初めて行われ今年が２回目だ。２回東京で行われた同距離、ハンデのオープン戦、ブリリアントＳも併せて参考にする。

　東京コースだけで行われるダート２１００ｍ戦は、堅く収まるか荒れるか両極端の結果になることが多い。

　ブリリアントＳは、毎年大荒れで３連単の配当は毎年10万円以上、２桁人気の馬が激走し、上位人気馬は１頭しか馬券に絡めない。昨年のスレイプニルＳも同様で、１〜３番人気馬は全滅、前走ブリリアントＳで８、４、３着だった３頭が、４、７、８番人気で３着以内を独占した。

　夏競馬にダート長距離のオープン戦は組まれていないので、ダート長距離得意の馬が、目いっぱいの仕上げで臨戦してくるだろう。

　ちなみにスレイプニルとは、北欧の神話に登場する８本の脚を持つ非常に優れた軍馬のことだ。

12R
3歳以上牝馬2勝クラス
ダート1600m

この時季の3歳ダートの有力馬は、6日目のユニコーンSを目指すことが多く、ここは古馬同士の戦いになる。それでも3歳馬が出てきたら、持ちタイムが多少劣っていても狙っていい。降級制がなくなった19年はたった1頭出走した3歳馬が勝利したし、16年も1頭出走した3歳馬が2着だった。出走してきた3歳馬すべて押さえておいたほうがいい。

重要なのは東京ダート1600m実績で、最低でも連対実績は欲しい。

近走成績も重要で、今春の東京で好走している馬は頼りになる。3歳馬の場合は、今春に1勝クラスを勝っている馬が特に買いだ。

ハイペースになりやすく、差し馬優勢。単勝人気が1桁台の馬が馬券圏内を独占するので馬券は堅く収まる。フルゲートになっても2桁人気馬が3着以内にくることはほとんどない。

3回東京2日（6月7日）
9R　ホンコンジョッキークラブT
3歳以上2勝クラス
芝2000m

ホンコンジョッキークラブTは、2018年まで500万条件（現1勝クラス）のレースとして行われ、19年に2勝クラスのレースになった。過去のレース結果を調べるときは注意しましょう。

この時季の芝2000m戦は出走頭数が多くならない。1～5番人気馬が3着以内を独占するか、1頭人気薄の牝馬がくることがあるかもしれないと思っていい。

19年は3歳馬の参戦がなかったが、3歳馬が挑戦してくれれば馬券の主役になるだろう。

スローペースになりやすく、完全に上がりの勝負になるので、先行力のある馬が軸に最適だ。

10R　麦秋S
3歳以上3勝クラス
ダート1400m　ハンデ

脚質のいかんにかかわらず、1番人気に推された馬は4年連続で1着だが、他の2頭は難解だ。堅く収まると判断したら4、5歳馬、荒れると思えば6、7歳馬を1番人気馬の相手にするのが正解だ。今年はハンデ戦で行われるので、1番人気馬の信頼度も下がり、波乱の馬券になるだろう。

ダート1200m～1400m戦で2勝以上挙げている馬が有力だ。2018年の勝ち馬は距離実績がまったくなかったが、前走重賞で入着し、ここで1番人気に推された降級4歳馬で、これは例外と考えよう。

左回りのダート実績もあったほうがいいが、関西馬は1400m戦に実績があれば好走することが多い。左回りを数多く走り、馬券対象になったことがほとんどないという関東馬は人気になっても消していい。

11R　安田記念（GⅠ）
3歳以上オープン
芝1600m

2017年以外は1番人気馬が3着以内を確保しているが、馬券は好配当だ。18年は9、5、1番人気で3連単6万馬券、19年は4、3、1番人気（単勝1・7倍のアーモンドアイ）で3連単は4万馬券だった。1番人気馬を軸にしても、手広く流さないと的中にたどり着けない難解なGⅠだ。

重要なのは東京芝実績で、できれば重賞での連対実績が欲しい。過去の安田記念で好走したことがある馬も買いだ。一方、芝1600m実績はそれほど重要ではなく、初めてこの距離を走る馬でも問題ない。

16、17年と2年連続で田辺がロゴタイプで神業のような逃げで1着、2着だったが、こんなことは滅多になく、安田記念は毎年差し、追い込み馬が上位を占める。東京の重賞を差して勝ったことがある馬が軸に最適。

急に暑くなる時期でもあり、使い詰めの馬は疲れが出る危険性が高い。ゆったりとしたローテーションの馬が買いで、休み明け3戦目以内の馬がベスト。近走成績は軽視してよく、休み明けを叩いて体調を上げてきたと思える馬を狙いたい。

12R　小金井特別
3歳以上2勝クラス
ダート1400m

2015年、17年は1番人気馬が3着以内を外し3番人気馬が勝利した。14、16、18、19年は1番人気馬が勝ったが、3着に人気薄の馬がきていて、毎年馬券は難解だ。

重視したいのは左回りダート実績とダート1400mの実績。特に東京ダート1400mで勝ったことがある馬は、19年の2、3着馬のように人気薄でも狙い目十分だ。

近走成績は軽視してよく、今春の東京でイマイチだった馬の巻き返しに注意したい。休み明け初戦の馬も好走可能。

前走で1勝クラスを勝ち上がった3歳馬が人気になるが、4歳の上位人気馬に比べると信頼度は低い。馬券の軸は先行力がある近走好調の4

歳馬だ。

3回東京3日（6月13日）
9R　八丈島特別
3歳以上1勝クラス
芝1600m

このクラスの芝1600m戦は、左回りの好走実績がある逃げ、先行馬が優勢だ。差し馬は、1～3番人気に推された馬と若手ジョッキーが騎乗した馬に要注意だ。

暑くなればなるほど牝馬有利の傾向が強まる。また4歳はキャリア5、6戦の馬は好走するが、出走回数の多い馬は人気になっても凡走することが多い。

東京コース以外でもいいので、芝1600mを勝っている馬は、必ず押さえておこう。また、前走で芝の未勝利戦を勝ち上がった馬が、人気の有無にかかわらず3着以内に1頭きているので要注意だ。

2019年は期待を裏切ったが、近走好走の3歳馬は押さえておいたほうがいい。

10R　三浦特別
3歳以上2勝クラス
ダート1300m

東京コースだけで行われるダート1300m戦は、スタートから3コーナーまでの距離が短い。そのため先行馬が外枠にいると、逃げ、先行争いが厳しくなり、内枠の馬も含めて差し馬が浮上してくる。

施行レース数が少ないのでレース傾向がつかみにくい。2019年に降級制がなくなり3歳馬が優勢になった。特に短距離戦に実績がある3歳馬は要注意だ。

前走か前々走のダート1200m～1400m戦で3着以内にきた馬は信頼できる。

また出走馬は少ないが、東京ダート1300m戦に好走実績がある馬は、近走の成績は気にせずに押さえておいたほうがいい。

11R　ジューンS
3歳以上3勝クラス
芝2400m　ハンデ

芝2000mの定量戦で行われてきたレースが、今年は2400mのハンデ戦で行われる。同条件の2回東京6日目9R緑風Sが参考レースになる。

1、2番人気馬のどちらかが2着までにきて、その相手は3～9番人気馬で、2桁人気馬が馬券圏内にくることはない。

10頭立て前後だとスローペースになり、逃げ、先行馬が好走する。それ以上だと序盤に離して逃げる馬が現れたりして、スローペースにはならず差し馬優勢だ。

芝2400mはもちろん、2000m以上の長距離に実績がある馬が強く、長距離戦で差して連対実績がある馬が軸に最適。東京や中京、新潟の左回りの芝長距離戦で勝ったことがあればさらにいい。

緑風Sの敗戦で軽ハンデになった馬、2勝クラスの長距離戦を勝ち上がったばかりの馬が、人気の有無にかかわらず好走する。長期休養明けの馬でも長距離戦に実績のある馬は、押さえておいたほうがいい。

12R
3歳以上1勝クラス
ダート1600m

東京のダート1600mはハイペースになることが多いが、1勝クラスでは上位人気に支持された先行馬ならそのまま押し切れる。

重視したいのは左回りダート実績で、中でも東京で勝ったことがある馬を狙いたい。

スタミナを要求される流れにもなるので、1700m以上の中距離での実績も欲しい。3歳で1600m戦までしか経験のない馬や、4歳以上で良績が1400m以下に集中している馬は、人気でも評価を下げていい。

このレースは1番人気馬が連対を外すことはほとんどなく、相手も上位人気馬なので馬連は堅い決着になる。最終レースだから、穴馬から買って一発逆転を狙ってはいけないレースだ。

3回東京4日（6月14日）
9R　八王子特別
3歳以上2勝クラス
ダート2100m

2016年は1、2番人気が3着以下に敗退し大荒れ馬券になったが、それ以外は1～3番人気馬が3着以内を確保し、6～9番人気馬が1頭3着以内にくるというパターンだ。

今年は定量戦で行われるので、上位人気馬が信頼できる。

19年に降級制がなくなり、勢いのある3歳馬が出走してくると面白いが、長距離のダートの定量戦は古馬に一日の長があるだろう。

夏場の長距離戦は、他の時期よりもスタミナの消耗が激しいからか、ダート長距離戦の経験豊富な5歳馬の健闘が目立つ。

左回りダート実績も重要で、東京、中京、新潟で差して勝ったことがあ

●おとなの馬券学No.159は6月12日(金)発売です。

る馬は、人気薄でも要チェックだ。

10R　芦ノ湖特別
3歳以上2勝クラス
芝1600m

2019年までは江の島特別として行われていたレースだ。

18年までは4歳降級馬と重賞、オープン特別を経験した3歳馬が圧倒的に強く、1～3番人気馬2頭が3着以内にくるレースだった。降級制がなくなった19年は、上位人気に支持された3歳馬が主役になり、4歳以上馬がそれに挑むというレースになった。

重視したいのは左回り芝実績。左回りで勝ったことがあるか、連対率が高い馬を狙おう。距離は1600mでなくてもいい。

近走成績も重要で、今春の東京で好走している馬は頼りになる。年明けから使い詰めで成績も下降気味の馬は、馬券対象から外したほうがいい。

11R　エプソムC（GⅢ）
3歳以上オープン
芝1800m

2019年の馬連は5、7番人気で波乱になったが、18年までの馬連は1～4番人気馬の持ち回りで、伏兵馬が付け入る隙はないレースだ。19年は、武豊が騎乗し上位人気に推されるはずの馬が出走を取り消したこともあり、例年と異なるレース結果になったようだ。

サンデーサイレンス系の馬が圧倒的に強いレースで、2017年は2着、19年は2、3着だったが、16年までの6年間と18年の勝ち馬の父はすべてサンデーサイレンス産駒だった。

道中はそれほど速いペースにはならず、先行抜け出しタイプが好成績。サンデーサイレンス系産駒でも、前で勝負できる馬を軸にしたい。その他、オープンで先行して実績を上げている馬も狙えるし、芝1800mで2勝以上の実績があれば心強い。

中途半端な時季に行われる別定のGⅢ戦だが、近年はここで好走すると秋競馬で活躍する馬が多いので、注目の一戦といえる。

12R
3歳以上1勝クラス
ダート1300m

ダート1300m戦は東京コースだけで行われるが、レース数が少なく、傾向がつかみにくい。3日目10R三浦特別は3歳以上2勝クラスだが、詳しくはそちらを参照してください。

ちなみに降級制がなくなった

2019年に行われた同条件のレースは、4、3番人気の3歳馬が1、3着、6番人気の4歳馬が2着、4、6、3番人気で決まった。1、2番人気に推された3歳馬は9、5着だった。上位人気に推された3歳馬の取捨がポイントになるレースだ。

3回東京5日（6月20日）
9R　町田特別
3歳以上2勝クラス
芝2400m

芦ノ湖特別が2018年に町田特別とレース名を変更した。16年、18年のように極端な少頭数レースになると、馬券的には味もそっけもないレースになる。それ以外のこのレースは、11~13頭立てのレースなのに高配当馬券の連発だ。17年は1番人気馬が1着で、2、3着は7、5番人気馬、19年は1、2番人気馬が馬券圏外になり、3、6、4番人気で決まったように、出走頭数のわりに馬券は難解だ。今年は定量戦になったので上位人気馬の信頼度が上がるだろうが、3着以内に下位人気馬が1頭くると考えたほうがいい。

重視したいのは長距離実績。ダートでもいいので、2400m以上で勝ったことがある馬を狙いたい。長距離経験が少ない3歳馬が出走してきたら、2000mに実績があれば押さえておいたほうがいい。

脚質では差し馬優勢だが、単騎逃げが見込める馬は押さえておくべきだ。

疲れのたまっていない馬が買いで、休み明け初戦の馬でも大丈夫。使い詰めの馬よりもずっと頼りになる。いちばんいいのは、休み明け2戦目の馬。前走凡走でも問題ない。

16年、18年の堅い決着は、極端な少頭数レースによるものなので、11頭立て以上になったら、1~3番人気馬のどれか1頭を軸に、4番人気以下の斤量に恵まれる3歳馬と5、6歳馬の激走に期待しよう。

10R　相模湖特別
3歳以上2勝クラス
芝1400m

2017年は3、6、2番人気、18年は3、6、5番人気、19年は2、1、9番人気で決まり、少頭数レースだが馬券は小波乱だ。

スローペースになりやすく、逃げ、先行馬に展開が向き、差し馬が馬券に絡んでくる余地はほとんどない。

重要なのは左回りでの短距離実績で、東京芝1400mで先行して好走したことがある馬がベスト。中京や新潟の1200mで強い馬も狙える。

牝馬が強く、特に人気馬の信頼性が高い。上位人気に支持される牝馬がいたら、信頼できる軸馬だ。

11R　夏至S
3歳以上3勝クラス
ダート1600m

ダート1600m戦だった2014年までは、2桁人気馬が勝ったりして馬券的に面白いレースだった。15年、16年はダート1400m戦で行われ、1～5番人気馬が3着以内を独占し、低配当のレースに様変わりした。

17年～19年はダート1600mのハンデ戦で行われたが、1～3番人気馬2頭が3着以内を確保し、馬券的には1400m戦だったときと同様に堅い決着だった。今年は定量戦で行われるので、馬券は堅く収まるだろう。

重要なのはダート1600m実績で、2勝以上挙げていれば軸に最適。4番人気以下で3着以内にくるのは、東京ダート1600mで勝っているのに、近走成績が上がっていない馬だ。

左回りダート実績も必要だ。右回りばかり走っていて、左回りにまったく実績がない関西馬が人気になっていたら、馬券対象から外してもいい。

12R
3歳以上1勝クラス
ダート1400m

毎年多頭数で行われるが、1～6番人気くらいの馬が3着以内をほぼ独占しているレースだ。ただし、1番人気馬が2、3着になることが多いので、3連単は案外高配当だ。

2017年は3、7、1番人気、18年は6、2、1番人気、19年は5、1、3番人気で決まった。18年まで人気になっていた4歳降級馬の代わりは、近走好調の3歳馬が務めている。

馬の実績で重要なのは、まず左回りダート実績。特に東京コースに良績がある馬が軸に最適だ。1400mより長い距離での好走実績がある馬は、あまり人気がなくても押さえておいたほうがいい。

3回東京6日（6月21日）
9R　青梅特別
3歳以上2勝クラス
ダート1600m　ハンデ

この日のメーンレース、ユニコーンSを除外になってこちらに回ってきた3歳馬がいれば、4歳以上馬と互角に戦える。

1～4番人気馬が1～3着を独占し、2018年のように、忘れたころに人気薄の馬が1頭馬券に絡んでくる程度だ。出走頭数が揃うレースだが、馬券は毎年低配当だ。買い目を絞らないとトリガミになってしまう。19年はフルゲートだったが、1、2、3番人気で決まった。穴党には出番のないレースだったが、今年はハンデ戦になったので人気薄の軽ハンデ馬が馬券に絡んでくるだろう。ダート1600m～1800m戦に実績があるのに、近走不振で人気落ちになっている馬は狙える。

東京の1600mはスタミナが必要なので、1700m、1800mなどの中距離戦でも勝ったことがある馬を上位に取り上げたい。ただし3歳馬は、短距離にしか良績がなくても侮ってはいけない。

10R　多摩川S
3歳以上3勝クラス
芝1400m

2019年まで芝1600mのハンデ戦だったが、今年は芝1400mの定量戦になった。この時季に3勝クラスの芝1400m戦は行われていない。前開催の晩春S、フリーウェイSを参考にする。

3着以内馬のうち2頭は逃げ、先行馬が優勢だ。重視したいのは芝1400m実績で、この距離で2勝以上挙げている馬が軸に最適。そのときに速い上がりタイムをマークしていればさらにいい。芝1400m経験が少ない馬の場合は、東京芝実績を重視しよう。こちらも、速い上がりタイムをマークして勝ったことがある馬を狙いたい。

11R　ユニコーンS（GⅢ）
3歳オープン
ダート1600m

2014年に1、2番人気馬が3着以内を外したが、それ以外は1～3番人気馬のうち2頭が3着以内を確保する堅いレースだ。

古馬になったら、ダートGⅠ戦線を賑わす馬たちが出走してくるレースなので、本来は荒れるレースにならないはずだ。

重視したいのは近走成績で、ダートでどんどん成績が上がっている馬を狙いたい。前走が青竜S、伏竜S、鳳雛Sの上位馬は信頼性が高い。東京ダートの1勝クラスを勝ち上がったばかりの馬も狙える。19年の1着馬は初ダートにもかかわらず3番人気に推された。GⅡ勝ちを含み全5走が芝1600m〔2・2・0・1〕の好成績だった。

距離実績は軽視してよく、良績が短距離ばかり、もしくは中距離ばかりに偏っている馬でも好走可能。東京が初めてという馬でも問題ない。

出走は少ないが牝馬は好成績で、先行力がある馬なら必ず押さえておくべきだ。

12R
3歳以上1勝クラス
芝1400m

1勝クラスの芝の1400戦は、左回りに好成績がある逃げ、先行馬が優勢だ。人気薄の差し馬が馬券に絡むことはないので、差し馬を買う場合は人気上位馬に絞っていい。

暑くなればなるほど牝馬が活躍する。3歳牝馬、下位人気の牝馬が穴馬券を演出する。特に減量ジョッキーの騎乗馬の一発に要警戒だ。

芝1400m戦に良績のある馬が有力で、東京で勝利していれば軸は決まりだ。前走で未勝利戦を勝ち上がった馬は、人気の有無にかかわらず押さえておいたほうがいい。

3回東京7日（6月27日）
9R　清里特別
3歳以上2勝クラス
ダート1400m

毎年フルゲートで行われるレースだ。2015年、17年は1、2、6番人気、19年は1、5、8番人気で比較的堅い決着だったが、14年、16年、18年に2桁人気馬が1頭馬券にからみ、3連単は波乱になった。1年おきに馬券の傾向が変わる、今年は荒れる順番だ。

降級制がなくなったこともあり、19年は3歳馬が1、8番人気で1、3着だった。人気の3歳馬を軸に、人気薄も含めて3歳馬はすべて拾って穴馬券を狙おう。

スローかミドルペースで先行馬向きの流れになると馬券は荒れる。4、10、7番人気で決まった18年は、その3頭とも逃げ、先行馬だった。逆にペースが速くなると人気の差し、追い込み馬が届いて馬券は比較的堅く収まる。1、5、8番人気で決まった19年は、3着は先行馬だったが、1、2着は4コーナー10番手からの馬だった。

馬の実績で重視したいのは、左回りダート実績とダート1400m実績。東京のこの距離での実績があれば文句なしだが、どちらかの条件ですごく強い、というスペシャリストも狙える。

近走成績は軽視していい。2～4ヵ月の休み明け初戦でも大丈夫。3歳馬は1勝クラスを勝ったばかりの馬か、重賞、オープン特別に参戦していた馬がお勧めだ。

10R　八ヶ岳特別
3歳以上2勝クラス
芝1800m　ハンデ

定量戦で行われていたときは、1番人気馬が3着以内を外すことはほとんどなく、たまに1番人気馬が3着以内を外しても、2、3番人気馬が3着以内を確保し、相手もある程度人気がある馬を連れてくるので、大荒れ馬券にはならなかった。今年はハンデ戦、軽ハンデ馬の一発に要警戒だ。

この時季の多くの芝レースと同様、スローペースとなるので逃げ、先行馬が優勢。人気の差し馬は苦戦する。ただしミドルペースで単騎逃げの馬が勝利すると、これをマークしていた先行馬がなし崩しに脚を使い、中団に待機していた軽ハンデの差し、追い込み馬の餌食になる。

牝馬と3歳馬が好成績で、特に上位人気に支持された3歳馬は軸にできる。相手は、東京、新潟、中京などの左回り芝コースでの好走実績のある馬と、前走で1勝クラスを勝ち上がってきた馬だ。

11R　アハルテケS
3歳以上オープン
ダート1600m

ハンデ戦でも別定戦でも、1番人気馬が3着以内にきたときは、他の2頭も上位人気馬で馬券は堅く収まる。1番人気馬が3着以内を外すと、必ず1頭、ときには2頭2桁人気馬が3着以内にきて、馬券は大荒れだ。ちなみに3連単は2011年200万馬券、13年15万馬券、15年53万馬券、17年57万馬券、19年250万馬券と、規則正しく1年おきに波乱になる不思議なレースだ。今年は1番人気馬を軸に馬券を買う年だ。ただし、1番人気が前走で3勝クラスを勝ち上がった馬だったら危ない。前走がダート1400m～1600mのオープン特別で掲示板内だった馬を軸にしたほうがいい。

重視したいのは左回りダート実績で、できれば1600m以上のオープン、重賞で好走したことがある馬を狙いたい。東京ダート1600mのオープンで好走したことがあれば文句なし。

近走成績はそれほど重要ではなく、今春の東京でイマイチだった馬でも巻き返し可能。休み明け間もない馬も好成績で、前走で大敗していても大丈夫。

多頭数でハイペースになりやすく、差し馬が優勢。また、前走で3勝クラスを勝ち上がってきた馬は、上位人気に推されていても買えない。

騎手では戸崎が6年連続で1、2、1、1、2、1、1着と抜群の相性の良さだ。けがから立ち直り、ここで騎乗していてもらいたい。

　ちなみにアハルテケとは、京王線府中競馬正門前駅の改札口を出た左側にある、金色の馬の彫像がそれで、プレートにそのいわれが刻まれているので、馬券仲間と待ち合わせのときにでも読んでみてください。この日くらいまでに「無観客競馬」が終焉していることを切に願っている。

12R
3歳以上1勝クラス
芝1600m

　3日目9R八丈島特別と同条件のレース。詳しくはそちらを参照してください。

　左回りに実績がある逃げ、先行馬、1600m戦で勝っている馬、前走で未勝利を卒業した馬が優勢だ。

3回東京8日（6月28日）

9R　日野特別
3歳以上2勝クラス
ダート1600m

　2勝クラスのダート1600m戦は、初日12Rの牝馬限定戦を含めてこの開催で3鞍目だ。6日目青梅特別の結果と併せて検討しましょう。

　1番人気馬は勝てないが馬券圏内は確保している。他の2頭は2～7番人気馬で、大きくは荒れないが馬券の絞り込みが難しい。2019年は3歳馬の出走がなかったが、出走してくれれば人気の有無にかかわらず、好走が期待できる。

　東京ダート1600mはタフなコースなので、1600mより長い距離に実績がある馬が好走することが多い。近走好調なのに、1600mに実績がないために人気薄になっている馬は要注意だ。

10R　江の島S
3歳以上3勝クラス
芝1800m

　この開催で3勝クラスの芝1800m戦は行われたことがない。2回東京12日目10Rむらさき賞を参考にする。

　この開催で同じ条件で行われる重賞エプソムCと同様に、連対は1～4番人気馬、3着が5～8番人気馬で、定量戦なので3連複、3連単が大きく荒れることはないだろう。

　逃げ、先行馬がやりあってハイペースになることもないので、基本的には逃げ、先行馬向きのレース展開になる。芝1800m戦で2勝以上あげている馬、むらさき賞で好走したのにあまり人気になっていない馬、前走で2勝クラスを勝ち上がったばかりの馬が有力だ。

11R　パラダイスS　(L)
3歳以上オープン
芝1400m　ハンデ

2015、16年は1番人気馬が3着以内を外し、3連単は31万、45万馬券と大荒れになった。一転17年は9頭立てと少頭数だったこともあり、1、3番人気馬が1、2着だったが3着は8ヵ月の休み明けの9番人気馬。18年は10頭立て、1番人気馬がブービー、2、3、6番人気で3連単は3万馬券、19年は単勝1桁台の1～5番人気馬が全滅で、6、10、7番人気で3連単は20万馬券。この時季のオープン特別はとらえどころがないうえに今年はハンデ戦、まともに決まらないと思ったほうがいい。

前半のペースはそれほど速くならないので逃げ、先行馬が優勢で、差し馬を狙うなら実績十分な人気馬に絞っていい。

重視したいのは左回り芝実績で、新潟や中京でもいいので、準オープン（3勝クラス）やオープンで好走したことがある馬を狙いたい。距離実績については、1400mで強い馬が買いだ。ちなみに19年の勝ち馬は芝1400mで4勝しているのに、前走芝1600mのオープン特別で2桁着順だったためか6番人気の低評価だった。

芝1200mのオープン特別や重賞で好走したことがある馬が穴にお勧めで、左回り実績が乏しくても狙える。

12R
3歳以上1勝クラス
ダート1400m

5日目12Rと同条件。こちらは東京開催の最終レースなのでレース傾向に若干の違いがある。

1勝クラスのダート戦は、開催が進むにつれて3歳馬の活躍が目立ってくる。ダートではまだ底を見せていないような3歳馬がいれば、迷わず軸でいい。19年は1～3着を3歳馬が独占、4歳以上馬に付け入るスキを与えなかった。

スローペースにはならないので、左回りに実績があるのに、なぜか本日人気薄の差し馬、追い込み馬を押さえておいたほうがいい。

本日は宝塚記念。腕達者な外国人ジョッキー、関西リーディング上位ジョッキーは阪神に集結しているので、騎手の巧拙をあまり気にせず、馬の力を冷静に判断し、10月まで開催がない東京競馬を堪能しましょう。

3回阪神　好走馬の傾向と対策

独自の分析による後半4レースの狙い目

十和田　航

3回阪神初日（6月6日）
9R　箕面特別
3歳以上2勝クラス
ダート1200m

好調かつ上昇力ある4、5歳馬が中心

　2018年には昇級戦、対古馬初戦の3歳牡馬が3着した例もあるが、過去3年で3歳馬の参戦は5頭と少なく馬券的な妙味は乏しい。

　主力は4、5歳馬、なかでも上昇度、伸びシロに優るタイプ。馬券に絡んだ9頭のうち6頭までが前3走以内で1勝クラス勝ち上がりの勢いがある昇級組あるいは降級組だ。4歳降級制が廃止された昨年も昇級2戦目の4歳牡馬が勝利し、2〜3着にも昇級または再昇級初戦の5歳牡牝馬が入っているように、遅咲きの晩成型タイプが狙い目になってくる。

　さらにこの中には3頭の牝馬が含まれているが、これらはいずれも前3走以内において最低でも2回は馬券に絡む好調さを示していた。もとより牝馬は斤量減のアドバンテージがあり、これに好調さが加味されれば軸馬としての信頼度はかなり高くなってくる。

10R　三木特別
3歳以上2勝クラス
芝1800m

上がり勝負、好調牝馬が中心

　ハンデ戦で施行された過去3年は負担重量の上下差が3~6・5キロと幅があったが、それでもハンデ頭で馬券に絡んだのはわずか2頭だけ。残る7頭はいずれも52~55キロの馬が占め、そのうち5頭は牝馬だ。

　昨年は最軽量52キロの5歳牝馬が前半1000m通過57秒4のハイペースでレースをけん引したことで上がりのかかる展開になったが、それ以前の過去2年はともに前半1000m通過が60秒台前半のスローの流れでラスト3ハロンが32秒台~33秒台前半という瞬発力の勝負になり、決め手に優る牝馬を後押ししている。さらにこれら牝馬のうち4頭までが、前2走以内で最低でも1回は馬券に絡む好調さを示していた。今年は定量戦に変更されることで、さらに牝馬の勢いが増すのは必至だ。

11R　鳴尾記念（GⅢ）
3歳以上オープン
芝2000m

重賞敗退馬の巻き返し

　18年は重賞3戦で連対歴のなかった5歳牡馬と4歳牡馬が、当該距離で9戦6連対の距離適性、前4戦で3勝の上昇力を発揮して1、3着している。昨年は重賞初制覇を含めて3連勝中の4歳牡馬が勢いそのままに快勝。2~3着にも前走の重賞で5着以下敗退の重賞1勝馬が入っていて、過去3年で馬券に絡んだ9頭中6頭までが、重賞1~3勝の実績があったように、重賞実績は大きなバックボーンになっている。

　ただ、レコード決着の18年を含むここ3年は、1番人気馬が連対を確保している反面、4番人気以下の伏兵が4頭も馬券に絡んでいるように一筋縄ではいかない。一番のポイントは、馬券対象馬のうち5頭までがGⅠを含めた前走の重賞で4~13着敗退から巻き返していること。とりわけ18年に優勝した前記5歳牡馬は叩き2戦目、ベストの距離に戻ったことで巻き返し、昨年2着した6歳牡馬はハンデ戦の57キロから別定の56キロと斤量が緩和して実力を発揮。そして3着の4歳牡馬も強豪揃いのGⅠから相手が緩和したGⅢで盛り返している。

12R
3歳以上1勝クラス
芝1200m

斤量有利な3歳馬と牝馬の信頼度は大

　過去3年の同開催同条件3レースにおいて3歳馬の参戦は延べ15頭と決して多くないが、それでも5頭が馬券に絡み、さらに4頭が掲示板内を確保している。とりわけ17~18年は4歳降級制がありながらこれだけの数字を残している。

さらに4歳降級制が廃止された昨年は参戦した5頭のうち牝馬2頭を含む4頭が掲示板内を確保し、このうち3頭は前3走以内で未勝利戦を勝ち上がる勢いと上昇度をそのまま結果に結びつけている。これはそのまま斤量3キロ減（牝馬はさらに2キロ減）のアドバンテージを裏付ける数字だけに、このスピード競馬ではたとえ人気で配当的な妙味は薄くても3歳勢の軸馬としての信頼度はかなり高い。

3回阪神2日（6月7日）
9R　皆生特別
3歳以上2勝クラス
芝1200m

軽量の3歳馬と牝馬が中心

ハンデ戦で施行された過去3年は、負担重量の上下差が4～5キロと比較的大きく、ハンデ頭で馬券に絡んだのは2017年に56キロで3着した5歳牡馬と昨年55キロで2着した4歳牡馬の2頭だけ。他のハンデ頭3頭は5着以下に敗れている。わずかな斤量差でも重いハンデはスピード勝負の舞台ではダッシュ力、直線での瞬発力において足かせとなっている。

対して軽量のアドバンテージを武器に強さを見せているのが3歳馬と牝馬。17年は軽量54キロの4歳牝馬と53キロの5歳牝馬がワンツーを決め、18年はともに昇級初戦だった3歳牝馬が51キロの軽量を味方に2、3着。そして昨年も昇級初戦、対古馬初対戦の3歳牝馬が51キロで先行策から抜け出している。とりわけ3歳馬は過去3年で延べ5頭が参戦して3頭までが馬券に絡んでいる。これは定量戦に変更されても斤量3キロ減のアドバンテージがある3歳馬にとって傾向が大きく変わることはなく、①前2走以内で1勝クラスを勝ち上がって勢いある昇級組、②オープン特別で5着以内がある素質上位組…のパターンに該当する3歳馬は強気に狙っていきたい。

10R　加古川特別
3歳以上2勝クラス
ダート1800m　ハンデ

3歳馬と伸び悩みの5歳以上馬を警戒

定量戦で施行された過去3年は、3歳馬の参戦がほとんどなく、馬券の中心となっていたのが4歳馬。4歳降級制があった17～18年で馬券に絡んだ6頭中4頭までを降級4歳馬が占めていたのは当然ともいえるが、4歳降級制が廃止された昨年も4歳馬は出走全16頭の半数近くを占めてはいたが、それぞれ昇級3戦目、6戦目の牡馬がワンツーを決めたばかりか、掲示板に載った5頭中4頭までを4歳馬が独占している。

ただ、今年はハンデ戦なので、すでに現級での連対歴がある実績上位の4歳馬は当然負担重量が重くなり、逆に5歳以上馬、あるいはまだクラスでの実績がない3歳馬が軽ハンデを味方に巻き返してくる可能性は十分だ。17年には昇級戦、対古馬初戦の3歳牡馬が9番人気の低評価で4着し、18年には昇級初戦の3歳牡馬が1番人気で快勝したケースもある。これら3歳の上がり馬はハンデも低く抑えられるので参戦馬が多くなるだろうが、狙ってみる価値は十分にある。

11R　ストークS
3歳以上3勝クラス
芝1600m

上がりの速い競馬で斤量減の牝馬が中心

この開催では準オープン（3勝クラス）の芝マイル戦は初めてなので、2回阪神の同条件戦、武庫川Sを参考に検証する。

レースは前半1000m通過が例年58秒台〜59秒台という平均ペースの流れからラスト3ハロンが33秒台、勝ち時計も1分33秒台前半というレベルの高い決着で、地力の高さが優先される傾向が強くなっている。すでに行われた今年3月の同レースは、稍重馬場で勝ち時計こそ1分35秒4と平凡だったが、1番人気の4歳牝馬がスローで逃げて3着に粘り込む流れのなか、中位からラスト34秒台前半の鋭い伸びを見せた5歳牝馬と4歳牡馬が坂上できっちり差し切っている。地力最優先の本命サイドで決着する可能性が大きい。

注目したいのが斤量減のアドバンテージがある牝馬。前記したレースでは出走9頭中4頭が牝馬だったが、持ち前の瞬発力を武器に1、3着した2頭を含めた4頭すべてが掲示板内を確保し、緩ペースでの上がり勝負に強い牝馬の特徴を最大限に発揮している。牝馬は時計、上がりの速い条件下ではさらに決め手を増してくるので、時計が出やすくかつ牝馬の活躍期にあたる夏場で引き続き注目したい。

12R
3歳以上1勝クラス
ダート1400m

3歳馬と前走連対の好調組が狙い

過去3年の同開催同条件4レースで馬券に絡んだ12頭を世代別でみると、3歳馬5頭に対して、4、5歳馬が7頭と一歩リードしているが、この中には降級制があった18年までの4頭が含まれるだけに割り引く必要がある。

そして降級制が廃止された昨年は、3歳馬が活躍した。1番人気に推された牝馬は、同型との先行争いで8着に失速しているが、昇級3戦目の牡馬が中団から鋭く2着し、同じく昇級2戦目の牡馬が後方から追い込んで僅差の4着に健闘している。

さらに馬券対象馬12頭のうち8頭までが前走でも連対を確保し、これらを含む11頭までが前走で掲示板内を確保している。

3回阪神3日（6月13日）

9R　甲武特別
3歳以上1勝クラス
芝2400m

オープン好走の3歳馬を信頼

　過去3年の同開催同条件・生田特別において、昨年は骨折で出世の遅れていた4歳牝馬が昇級初戦で勝利しているが、2～4着にはオープンで差のない勝負をしてきた素質上位の3歳馬が入っている。当時は時計、上がりのかかる馬場に加えて前半1000m通過が62秒9という先行有利な流れで、勝ち馬は好位3番手から抜け出したのに対し、これら3歳馬はいずれも4コーナー5～11番手の位置取りから末脚を伸ばす強い内容。1勝クラスでは古馬が相手でもオープン好戦歴がある素質上位の3歳馬が優位にあることを実証している。

　さらに過去3年で馬券に絡んだ9頭中8頭までが、休養を含めた前2走以内で最低でも1回は馬券に絡んでいる。同時にまた馬券対象馬9頭のうち当該距離で勝ち星があったのはわずか2頭だけ。3頭の初距離組を含む他の7頭は、単に距離経験がなかっただけで、1800m以上で勝ち星があれば当該距離の実績には特にこだわらなくていい。

10R　三田特別
3歳以上2勝クラス
芝2200m　ハンデ

実績上位馬が主役、軽量の上がり馬に警戒

　過去3年は負担重量の上下差が4～4・5キロと比較的小さく、2017年は降級初戦の4歳牝馬がハンデ頭57・5キロで勝利。続く18年はハンデ頭57・5キロの4歳牡馬は6着に失速しているが、2番目に重いハンデ57キロの4歳牡馬と5歳牝馬がワンツー決着。さらにこれらを含め馬券に絡んだ9頭中6頭までが現級勝ち、あるいは現級での連対歴がある実績上位馬だ。ハンデ差が小さく設定される傾向が強い長丁場では、実績上位馬にかなり条件が有利になっている。

　その一方で昨年は斤量の上下差が4キロと小さかったが、ともに直線鋭く伸びた4歳牝馬2頭が1、3着して波乱を演出している。ただ、当時は前半1000m通過が60秒8と長丁場のわりに厳しく、ともに54、53キロの軽ハンデだったことが後押ししたのは明白だけに過信はできない。それでも前記実績上位馬以外で馬券に絡んだ3頭はいずれも昇級1～5戦目で、前走でも馬券に絡んで状態の良さをアピールする上がり馬だった。今年は距離が1ハロン短縮されたが同様と考えていいだろう。

11R　天保山S
3歳以上オープン
ダート1400m

オープン実績と距離適性を重視

17年にはオープン2勝の実績ある4歳馬が1番人気で3着を確保しているが、例年3、4歳馬の参戦はほとんどなく、過去3年で馬券に絡んだ残り8頭は5～7歳馬ばかり。このうち5頭はオープンで1～2勝の実績を持ち、かつ当該距離で3勝～最高7勝の高い距離適性を示していた。また残る3頭はいずれもオープン挑戦2、3戦目だが、前2走以内で準オープンを勝ち上がった勢いをそのまま結果につなげていた。

　ただ、別定戦は過去の実績に応じて負担重量が加増される、実質的にはハンデ戦で、スピード勝負の舞台では重い負担重量が大きな足かせとなる危険性をはらんでいる。それでも過去3年で馬券に絡んだ9頭中8頭はいずれも56～58キロの範囲の馬ばかり。とりわけ58キロ組は昨年11番人気で3着した7歳牡馬を含め、4頭が圏内を確保している。また残る1頭は昨年54キロで2着した5歳牝馬だが、これも牝馬GⅠ3着の地力と前走で準オープン勝ちの勢いを好走につなげた一頭といえるだろう。

　さらに前半1000m通過が例年57秒台～58秒台とハイペースは必至だが、馬券対象馬9頭のうち4コーナー5番手以内の逃げ、先行馬5頭に対し、同7番手以下の差し馬4頭と互角で、脚質別による有利不利はない。

12R
3歳以上牝馬2勝クラス
ダート1800m

展開は逃げ、先行馬に有利

　この開催では牝馬限定の9ハロン戦は初めてなので、1回阪神開催の同条件を参考に検証する。

　過去3年はいずれも脚抜きのいい馬場だったことで、前半1000m通過が61秒台～62秒台と淀みなく流れている。それでも馬券に絡んだ9頭中8頭までが4コーナー5番手以内から粘り込んでいるように逃げ、先行タイプがかなり優位に立っている。ただ、このうち2頭は3コーナーから早めに動いて4コーナーで5番手以内に進出しているので、特に脚質にこだわる必要はない。

　すでに行われた3月の同条件戦は先行馬が前半から競り合い、良馬場ながら前半1000m通過62秒8の速い流れを誘発。結果として中団から末脚を伸ばした5、6歳馬が上位を占めて波乱の決着になっている。それでも上位3頭はいずれも前2～6戦以内で勝ち上がりの遅咲きタイプで、かつ目下の好調ぶりをそのまま結果に結びつけていた。

3回阪神4日（6月14日）
9R　洲本特別
3歳以上2勝クラス
ダート1400m

道中の流れで中距離タイプにも警戒が必要

　4歳降級制が廃止された昨年は出走全16頭のうち3歳馬はわずか1頭、4歳馬も5頭と少なかったことで、上位3着までを5歳馬が独占している。ただ当時は上位人気の2頭がともに差し馬のうえに、前半1000m通過が58秒8とスプリント戦のわりに平均的な流れ。結果として4着までが4コーナー4番手以内から粘り込んでいるように前残りの展開が大きく後押ししている。それでも勝ち馬は4ヵ月半ぶりの実戦ながら前走で1勝クラスを勝ち上がった晩成型の上がり馬。また2、3着馬も昇級または再昇級して5、6戦目の遅咲きタイプだった。

ただ、今年は距離が1ハロン延長されることで道中の流れに緩急が出てくる可能性がある。たとえばペースが落ち着いたケースでは1200mで実績を残すスピード優先型でも十分粘り込める反面、ペースが上がった場合はある程度の持久力が求められる。そのケースでは1600m以上で実績がある中距離型でも十分狙い目が出てくるので、穴馬として警戒したい。

10R　灘S
3歳以上3勝クラス
ダート2000m

5歳馬と近走好走の6歳馬が中心

今年は距離が1ハロン延長され、持久力の占める比重が大きくなる。4歳降級制が廃止された昨年は、昇級4戦目の4歳牡馬が2着を確保したものの、4歳馬の参戦がわずか4頭と少なく、また3歳馬の参戦も例年ほとんどなく、焦点は5、6歳馬からの絞り込みになってくる。

そんな中でも注目したいのは、まだ伸びシロのある5歳馬と近走好走の6歳馬。17年に勝利した2番人気、18年に2着した8番人気の5歳馬は、昇級して3~5戦目でまだ成長の余地を残していた晩成型。17年に5番人気で2着した6歳騸馬は現級6戦までは連対例がなかったが、前走で初めて現級連対を果たした勢いをそのまま結果につなげた好調タイプ。そして昨年も勝ち馬は近走が苦戦続きで7番人気と評価を下げていたが、すでに現級勝ちの実績上位馬だけに復調してくれれば勝たれてもなんら不思議はなかった。また3着した5歳牝馬も昇級4戦目の上昇度に加え、前3走以内で2回まで馬券に絡む好調さを結果につなげている。

11R　マーメイドS（GⅢ）
3歳以上牝馬オープン
芝2000m　ハンデ

遅咲きの4歳差し馬を警戒

18年までの過去4年では4歳馬の参戦は延べ9頭と少なく、馬券に絡んだのも15年に重賞初挑戦で2着した上がり馬だけだったが、4歳降級制が廃止された昨年は大挙10頭が参戦して上位4着までを独占している。今年も晩成型の上昇4歳馬からは目が離せない。

ただ、このレースは負担重量の上下差が例年6~8キロと大きく、過去5年において実績上位のハンデ頭

6頭がいずれも4～15着に敗退している。一方、馬券に絡んだ15頭中6頭は、3勝クラスからの格上挑戦組が51～53キロの軽量を生かして台頭。さらに重賞勝ちまたは重賞3着以内の実績上位馬で馬券に絡んだ6頭は、ハンデ53～55キロ。斤量に敏感といわれる牝馬の限定戦では、格よりも勢い、上昇度が重要なファクターになってくる。

　さらに例年軽量馬が前半１０００m通過59秒台～60秒台の比較的速いペースで引っ張ることで、馬券対象馬15頭中9頭が、4コーナー9～15番手から台頭する差し、追い込み馬。加えて12頭までが休養を含めた前2走以内で最低でも1回は馬券に絡んでいる。

12R
3歳以上1勝クラス
芝１４００ｍ

スピード勝負で3歳馬の勢いに拍車がかかる

　過去2年の鶴橋特別を含む同開催同条件3レースにおいて、17年は出走18頭中6頭参戦の3歳牡馬が2、3着を確保し、続く18年は出走17頭のうち3歳馬はわずか4頭だったが、やはり実績に優る降級4歳馬を相手に、昇級5戦目の3歳牡馬が1、3着。そして4歳降級制が廃止された昨年は、3歳馬の参戦は出走14頭中6頭と数を伸ばし、対古馬1～2戦目で上位人気に推された馬が2～4着と上位を占めた。スピード勝負では斤量減のアドバンテージある3歳馬が優位にあることを示している。牝馬は過去2年で3頭が馬券に絡んでいて、斤量2キロ減の恩恵はかなり大きいといえる。

3回阪神5日（6月20日）
9R　小豆島特別
3歳以上2勝クラス
芝１６００ｍ

3歳馬と逃げ、先行馬が断然有利

　昨年は3歳馬の参戦がなく、それ以前の2年でもわずか4頭の参戦にすぎないが、２０１７年は昇級初戦で軽量52キロの3歳牝馬が対古馬初戦で一気に逃げ切り、18年も上昇力に優る3歳牡牝馬が2、3着を確保している。斤量減のアドバンテージがある3歳馬が参戦してきたら、中心馬としての信頼度はかなり高くなってくる。

　また例年頭数が少ないことで道中のペースにはかなり波があるが、過去3年で馬券に絡んだ9頭すべてが、4コーナー5番手以内から粘り込んでいるように、圧倒的に逃げ、先行勢が優位に立っている。馬券対象馬のうち当該距離で2勝以上の距離実績を有していたのは1頭だけ。残る8頭は0～1勝と距離実績が薄い反面、１４００ｍの短距離、または１８００ｍ以上の中距離で2～3勝を挙げるなど、前後する距離で実績を残している。これは道中のペース次第で短距離タイプがスピードで押し切るか、あるいは中距離タイプが持続性ある末脚で追い比べを制していることを裏付けている。マイル実績にとらわれることなく狙い馬を絞り込みたい。

10R　安芸S
3歳以上3勝クラス
ダート1200m

1400m得意の差し、追い込み馬が狙い

昨年は4歳降級制が廃止されたが、それでも出走11頭中6頭までを占めた4歳馬が上位を独占。これらは前2走以内で2勝クラスを勝ち上がって勢いに乗る2頭を含めて、いずれも昇級1～5戦目で伸びシロの大きいタイプばかりで、伸長度に乏しい5歳以上が相手ならスピードの絶対値で優ることを立証している。

さらに注目したいのがレースのスロー化。16年までは前半1000m通過が57秒台の速い流れで推移していたが、17年以降は脚抜きのいい馬場ながら同59秒台～60秒台へと一気にペースダウン。馬券に絡んだ9頭中8頭までを4コーナー5番手以内の先行馬が占めている。これで活躍の場を広げているのが1200mでの実績に優るスピード優先型。過去3年で馬券に絡んだ9頭のうち4頭は当該距離で2～3勝の実績ある距離巧者だが、1200mで2～3勝のスプリントタイプが3頭躍進している。道中のペースが緩和されることでスピード優先型でも十分勝負になることを裏付けている。

ただ、今年は1ハロン短縮されてテンから一気にペースアップするのは必至なので、展開的には1400mに対応できるスピードの持続力があり、かつラスト36秒前後の決め手を持った差し、追い込みタイプが狙い目になってくる。

11R　三宮S
3歳以上オープン
ダート1800m　ハンデ

実績上位組より軽量の上がり馬に妙味

当開催ではこれまでハンデのオープン特別がなかったので、1回阪神開催に組まれているダート2000mのハンデ戦・仁川Sを参考に検証する。

レースは負担重量の上下差が比較的大きいことで、57キロ以上の馬は例年苦戦している。昨年は軽量の5歳馬がオープン2戦目で大変身を遂げ、2～3着にも重賞での好戦歴がある56キロの7、8歳馬が健闘。さらに18年も交流GⅡ4着がある5歳馬がハンデ56キロで勝利し、同じく交流GⅠ2着がある56キロの4歳馬が2着を確保。そしてオープン2戦目の4歳上がり馬が軽量53キロで3着している。やはり斤量差が明暗を分ける結果が出ている。

そしてすでに終了した2月のレー

スでも、ハンデ頭57キロのうちの1頭は3番人気で2着に踏ん張っているが、勝ったのは前走のGⅡで6着と健闘の6歳上がり馬。そして3着にも交流GⅡ5着がありながらやはり54キロ止まりの上昇5歳牡馬が入っている。馬券的な妙味は重いハンデが足かせとなる実績上位組より、実績では一歩劣るが上昇度と軽ハンデが魅力の上がり馬のほうがはるかに大きいといえる。

12R
3歳以上1勝クラス
芝1200m

距離実績不問、33秒台の決め手を重視

開催同条件の初日12Rを補足すると、前半1000m通過は良馬場なら例年56秒台と速く、勝ち時計も1分08秒台の高速決着は必至。ただ、馬券対象馬9頭のうち当該距離で勝ち星があったのは3頭だけ。残る6頭は1400m以上、あるいはダートでの勝ち上がり組。距離実績は重視されず、坂越えの長い直線でラスト33秒台の脚が使えるかどうかだ。

さらに馬券に絡んだ9頭のうち6頭までが逃げ、先行馬で4コーナー4番手以内の位置取りだった。展開に左右される終い一手の脚質では信頼性が薄い。

3回阪神6日（6月21日）
9R　鷹取特別
3歳以上2勝クラス
ダート2000m

持久力と先行力兼備の3、4歳馬が中心

距離を2000mに延長して施行された昨年は脚抜きのいい重馬場、前半1000m通過が59秒1というハイペースで差し馬有利の流れだったことはあるが、デビュー以来4戦2勝で伸びシロ大きい唯1頭参戦の3歳馬が後方から漸進、直線で一気に抜け出す競馬で昇級での古馬初対戦を制している。

さらに1800mで施行された2014～16年の過去3年でも、3歳馬は延べ5頭の少ない参戦ながら、15年には昇級4戦目の牡馬が一気に逃げ切り、16年は昇級初戦の牝馬が直線鋭く伸びて3着するなど、古馬が相手でも互角に渡り合っている。今年は3歳馬がさらに勢力を拡大してくるのは必至で、中心馬として信頼度は高くなってくる。

また距離2000mは、番組数の少ない阪神独特の舞台でスタミナが優先される条件だが、直線では先行馬も差し馬も同じ脚いろになっての我慢比べになる傾向が強く、脚質的には4コーナーで5番手以内の位置取りから粘り込むケースが多い。先行馬なら追ってバテないタイプ、差し馬なら勝負どころで好位まで押し上げる機動力が求められる。

10R　垂水S
3歳以上3勝クラス
芝2000m

内回りコース変更で逃げ、先行馬が狙い目

　昨年はハンデ戦だったが、今年は定量戦で距離が1ハロン延長される。定量の1800mで施行された16～18年は、いずれも9頭以下の少頭数ながら波乱含みだった。要因としては良馬場でも前半1000m通過が59秒台の緩ペースで流れ、結果として坂越えの長い直線でラスト33秒台の瞬発力勝負になることが挙げられる。それでも過去3年では逃げ馬が2勝を挙げている一方、馬券に絡んだ残り7頭中5頭は4コーナー4番手以下から台頭している。

　ただ、今年は内回りの2000mに替わって直線距離が約120m短縮されることで、逃げ、先行馬有利に変わってくる。対象の前記3レースで馬券に絡んだ9頭のうち、前走でも馬券圏内を確保していたのはわずか2頭で、残る7頭はいずれも前走時の5～9着敗退から決め手勝負の舞台に代わって巻き返している。今年は内回りコースに替わるので、前走の内容が一息だったことで評価を下げている逃げ、先行馬が狙い目になってくる。

11R　米子S（L）
3歳以上オープン
芝1600m

淀みない流れで中距離実績を重視

　17年はGⅢ・東京新聞杯8着から臨戦の5歳牡馬が勝利し、続く18年はオープン特別6着から参戦の5歳牡馬が2着。そして昨年も前走で3勝クラスを勝ち上がってオープン再昇格の4歳牝馬が勝利し、15年から続く1番人気馬の連続連対を「5」に伸ばしている。この3頭を含め過去3年で馬券に絡んだ9頭中5頭はオープン勝ちの実績がある。

　さらに注目したいのが距離実績。馬券対象馬のうち当該距離で2～4勝のマイル巧者はわずか3頭だけ。残る6頭はいずれも0～1勝とマイル実績が薄い一方、芝・ダートを含む1800～2000mで1～4勝と中距離適性を示していた。これは前半1000m通過が例年58秒台～59秒台という淀みない流れに加え、坂越えの長い直線で持久力勝負への対応力が求められるからだ。

　ただしここ2年は走破時計が1分31秒9、1分34秒7とまったく質の異なるレースで、オープンでの連対実績がない4頭が波乱を演出している。これらはいずれも重賞またはオープンでコンマ7秒差以内に善戦した実績があり、うち3頭は先行策から粘り込んでいる。差し馬に人気が集中すると、先行馬へのマークが甘くなるので前残りを警戒したい。

12R
3歳以上2勝クラス
ダート1200m

厳しい流れで差し、追い込み馬が優勢

開催同条件の初日9R・箕面特別を補足すると、過去3年の前半1000m通過は例年58秒台〜59秒台前半で、スプリント戦としては速すぎるペースではないが、数字以上に道中の競り合いが激しくなることで逃げ馬は6着以下に敗退し、4コーナー5番手以内の先行馬で馬券に絡んだのは4頭だけ。

昨年も10頭と少ない頭数ながら、上位2頭は道中5〜6番手から抜け出し、過去3年における馬券対象馬残り3頭も同8〜14番手の位置取りからラスト35秒台〜36秒台の強烈な末脚で上位に台頭。他力本願タイプは人気の盲点になりやすいので警戒したい。

3回阪神7日（6月27日）
9R　出石特別
3歳以上1勝クラス
芝1400m

1400m以外の実績を重視

開催同条件の4日目12Rを補足すると、対象の3レースで馬券に絡んだ9頭のうち1400mで勝ち星があったのは3頭だけ。他の6頭は初距離組の3頭を含めて、1200mあるいは1600mで勝ち鞍があった。これは道中のペースが遅かった場合はスピード優先型が先行力で粘り込み、逆に道中のペースが速くて持久力が求められるケースではマイル向きのスピードの持続力が求められるからだ。1400mの実績が薄いことで評価を下げるようならむしろ妙味は大きい。

さらに馬券対象馬9頭は、前3走以内で最低でも1回は馬券に絡んで状態の良さをアピール。またこのうち3頭は距離の延長、短縮、あるいはダートから芝への転向など条件を変更して結果を出している。これは能力発揮へ試行錯誤を繰り返す陣営の努力を示すもので、このタイプには引き続き注目したい。

10R　京橋特別
3歳以上2勝クラス
芝2000m

上がりがかかり逃げ、先行馬が優位

ここ2年は3歳馬の参戦が各1頭だった。それでも18年は休養明け、1勝クラスを勝ち上がったばかりの牝馬が対古馬初戦で2着を確保し、昨年も前走で1勝クラスを勝ち上がった牝馬が対古馬初戦で連勝を決めている。この両馬に共通するのは2000mでの馬券圏内確保率が5割超という距離適性の高さ。例年参戦馬が少なく馬券的な妙味は薄いが、上昇力と持久力勝負への対応力がある上昇3歳馬なら信頼度はかなり高い。

さらに注目したいのが展開。過去3年の勝ちタイムは17年の1分58秒7〜18年の2分04秒3（重馬場）までかなり幅があるが、それでも開催後半の荒れ馬場が影響して、上がり3ハロンも35秒前後と時計を要している。結果として逃げ馬は10番人気の低評価で一気に押し切った18年の勝ち馬を含め2勝、2着1回とパーフェクト連対を果たし、これらを含めて馬券に絡んだ9頭中7頭までが4コーナー5番手以内から粘り込んでいる。直線短い内回りコース、仮柵のBコースを利して逃げ、先行馬が圧倒的に優位。それだけに差し、追い込み馬は人気でも割り引いて考える必要がある。

11R　水無月S
3歳以上3勝クラス
芝1200m　ハンデ

逃げ、先行の軽量牝馬狙い

17年には唯1頭参戦した降級4歳馬がハンデ頭の57・5キロを克服して勝利しているが、過去3年は負担重量の上下差が5・5〜6キロと大きく、ここ2年のハンデ頭はともに56キロで6着以下に敗れているようにスピード勝負の舞台ではやはり過信はできない。

3、4歳の参戦が少ないこともあり、実質5歳以上の争いになっている。そんな中で強さを見せているのが馬券に絡んだ9頭のうち4頭を占める52〜54キロの牝馬で、いずれも前走での4〜12着敗退から巻き返している。このうち2頭は当該距離で勝ち星こそなかったが1分07秒台の持ち時計があり、ラスト3ハロンが34秒前後という高速決着で変わり身を見せていることを考えると軽ハンデが大きな後押しとなったのは明らか。さらに4頭すべてが昇級または再昇級して2〜5戦目と伸びシロがあった。

馬券対象馬のうち逃げた3頭を含む8頭までが、4コーナー4番手以内の先行策から粘り込んでいる。スピード最優先の舞台らしく逃げ、先行馬が圧倒的に優位に立っている。

12R
3歳以上1勝クラス
ダート1800m

昇級2、3戦目の3歳馬が軸に最適

過去2年の同開催同条件4レースのうち、4歳降級制があった18年の2レースでは降級の4歳馬2頭が馬券に絡んでいる。しかし馬券対象馬残る10頭は昇級2〜4戦目の3歳馬が7頭、現級での連対歴がある4、5歳馬が3頭という内訳で、上昇力に優る3歳馬が4歳以上馬を圧倒している。

これら3歳馬はダート路線への転向初戦で3着に健闘した1頭を除き、いずれも前2走以内で最低でも1回は馬券に絡む状態の良さと上昇力があった。馬券の軸は3歳馬で決まり

だ。

また前半１０００ｍ通過は61秒台～63秒台とかなり波があるが、逃げて馬券に絡んだのはわずか1頭だけ。残る11頭は4コーナー2～9番手の位置取りだったので、脚質的には先行抜け出しタイプか差し馬なら中団前めの位置取りから末脚を伸ばす馬が有力だ。

3回阪神8日（6月28日）
9R　舞子特別
3歳以上2勝クラス
芝１４００ｍ

オープン、重賞好走の3歳馬は信頼度大

昨年はデビュー以来3戦2勝、前走で1勝クラスを勝ち上がったばかりの3歳牝馬が昇級戦、対古馬初戦ながら1番人気で勝利。一方、前走のGⅢで3着に好走した2番人気の3歳牝馬は12着大敗という両極端の結果になっている。それでも素質の高さと上昇力、さらに斤量減のアドバンテージがあれば、3歳馬は実績に優る4歳以上が相手でも互角に渡り合える。

さらに直線が短い内回りコースなので、前半１０００ｍ通過は例年56秒台～57秒台のハイペースになりやすく、逃げ切りはかなり厳しいが、逆に後方一気の他力本願な脚質でも脚を余す懸念がつきまとう。それだけに脚質的には道中の速い流れに乗り入れる機動力を持ち、かつラストで34秒前後の決め手を発揮できるタイプが狙い目になってくる。

10R　花のみちS
3歳以上3勝クラス
ダート１８００ｍ　ハンデ

軽量4、5歳の差し馬が狙い目

当開催の準オープン（3勝クラス）では過去に近い条件がないので、1回阪神開催の準オープン戦でハンデ２０００ｍの甲南Ｓを参考に検証する。

レースは負担重量の上下差が例年4～5キロと比較的小さいことで、基本的には実績上位馬に有利な設定ではあるが、過去3年においてハンデ頭で馬券に絡んだのは2頭だけ。残り7頭は52～56キロで、うち5頭までを昇級1～4戦目の伸びシロある4、5歳馬が占めている。さらに4歳馬は上昇度の大きさから昇級1～2戦目で結果を出すことが多いのに対し、晩成型の5歳馬は昇級して2～4戦目と少し時間がかかるケースが多く、5頭中4頭は前走時の5～9着敗退から変身を遂げていて馬券的な妙味はかなり大きい。

すでに終了した3月の甲南Ｓは、昇級5戦目でハンデ頭56キロの4歳1番人気馬が勝利しているが、2、3着には昇級1～2戦目で55、53キロの4歳馬が入っている。今回距離は1ハロン短縮になるが、傾向が大きく変わることはないとみていいだろう。

11R　宝塚記念（GⅠ）
3歳以上オープン
芝2200m

過去5年で2勝、3頭が馬券圏内の牝馬に注目

過去5年において牝馬の参戦は延べ11頭と少数派ながら、16年と昨年は前年のGⅠ・エリザベス女王杯を制した5歳牝馬が優勝。15年は叩き3戦目だった5歳牝馬と4歳牝馬が前走での10着、8着敗退から一変して2、3着に健闘。さらに17年にも前年の女王杯3着の5歳牝馬が3着するなど、いずれも3～11番人気という低評価で馬券に絡んでいる。いずれもGⅠで連対実績がある実力馬ばかりだが、牡馬より2キロ軽い斤量と直線短い内回りコースを味方に牝馬特有の瞬発力を最大限に生かし、馬券圏内確保率は4割5分を超えている。

さらに注目したいのが順調度。昨年は大阪杯、ドバイ遠征以来3ヵ月ぶりだった5歳両馬が2、3着と結果を出し、これと同じローテで16年には4歳牡馬が2着、17年には5歳牡馬が勝利しているが、これらを除く11頭は前走から順調に駒を進め、このうち8頭は前2走以内でGⅠまたはGⅡで連対、あるいはGⅢで勝利する上昇力があった。残り3頭にしても距離不適のGⅠで8着以内と健闘していた。

ただし、前半1000m通過が62秒5のスローペースだった15年を除いて、最近4年はいずれも59秒台～60秒台前半の淀みない流れで、ラスト3ハロンは35秒台と比較的時計がかかっていて、逃げて馬券に絡んだのは16年の3着馬と昨年の2着馬だけ。4コーナー5番手以内の先行馬もこれらを含めて5頭だけで、残り10頭は同6～14番手の位置取りから一気に台頭している。脚質的には差し、追い込み馬が狙い目だ。

12R　リボン賞
3歳以上2勝クラス
ダート1800m

前3走以内で勝ち上がりの4歳馬が軸

昨年は芝のGⅢで僅差7着がある3歳牡馬が、前半1000m通過63秒9の緩ペースを味方にダート初挑戦で勝利している。これ以外は、過去3年で3歳馬の参戦は延べ4頭とほとんどないので、馬券は5頭が馬券に絡んでいる4歳馬が中心だ。ただ、17～18年はまだ4歳降級制があり、馬券に絡んだ3頭は現級勝ちの実績上位馬ばかり。対して昨年は4歳降級制が廃止され、2、3着した2頭は、前3走以内で1勝クラスを勝ち上がった遅咲きの上がり馬で、かつ昇級後も差のない勝負を展開している好調馬だった。当然ながら上位人気に推されるので馬券的な妙味は薄いが、軸馬としての信頼度はかなり高い。

去年の今日

メインレース・メモリアル

●東京

2019年6月1日(土) 3回東京1日							
東京11R スレイプニルステークス ダート 左2100m 16頭 晴 良							
着順	枠番	馬番	馬名	騎手名	タイム	通過順位	人気
1	3	6	テルペリオン	松若 風馬	2.11.2	②②②②	4
2	7	13	アンデスクイーン	戸崎 圭太	2.11.5	⑩⑪⑧⑩	7
3	8	15	コスモカナディアン	丹内 祐次	2.11.6	④③⑤④	8
4	5	9	アングライフェン	C. ルメール	2.11.8	⑬⑬⑧④	1
5	2	3	クロスケ	松岡 正海	2.11.9	⑨⑨⑬⑬	9
単勝06番 870円 複勝06番 300円 13番 410円 15番 340円							
枠連3-7 3390円 馬連06-13 5350円 馬単06-13 9910円							
ワイド06-13 1770円 06-15 1460円 13-15 1840円							
3連複06-13-15 17990円 3連単06-13-15 90850円							

2019年6月2日(日) 3回東京2日							
東京11R 第69回 安田記念 芝 左1600m 16頭 曇 良							
着順	枠番	馬番	馬名	騎手名	タイム	通過順位	人気
1	3	5	インディチャンプ	福永 祐一	1.30.9	④⑤	4
2	1	2	アエロリット	戸崎 圭太	1.30.9	①①	3
3	7	14	アーモンドアイ	C. ルメール	1.30.9	⑪⑨	1
4	3	6	グァンチャーレ	松岡 正海	1.31.1	②②	13
5	2	4	サングレーザー	岩田 康誠	1.31.1	⑦⑦	6
単勝05番 1920円 複勝05番 290円 02番 240円 14番 110円							
枠連1-3 4010円 馬連02-05 5670円 馬単05-02 13660円							
ワイド02-05 1460円 05-14 600円 02-14 470円							
3連複02-05-14 3690円 3連単05-02-14 43720円							

2019年6月8日(土) 3回東京3日							
東京11R 多摩川ステークス 芝 左1600m 18頭 曇 良							
着順	枠番	馬番	馬名	騎手名	タイム	通過順位	人気
1	8	18	ファストアプローチ	木幡 育也	1.33.0	①①	16
2	5	10	サトノキングダム	M. デムーロ	1.33.1	③③	1
3	8	17	トライン	松山 弘平	1.33.2	⑪⑭	3
4	3	6	アシュリン	石川 裕紀人	1.33.2	③③	7
5	5	9	トーセンブレス	柴田 善臣	1.33.2	③⑤	10
単勝18番 5860円 複勝18番 1560円 10番 240円 17番 300円							
枠連5-8 2270円 馬連10-18 25780円 馬単18-10 63420円							
ワイド10-18 8450円 17-18 9030円 10-17 1330円							
3連複10-17-18 78320円 3連単18-10-17 763110円							

2019年6月9日(日) 3回東京4日							
東京11R 第36回 エプソムカップ 芝 左1800m 13頭 雨 稍重							
着順	枠番	馬番	馬名	騎手名	タイム	通過順位	人気
1	6	9	レイエンダ	C. ルメール	1.49.1	②②②	5
2	4	6	サラキア	丸山 元気	1.49.2	①①①	7
3	3	4	ソーグリッタリング	浜中 俊	1.49.4	④⑤⑤	1
4	1	1	ショウナンバッハ	吉田 豊	1.49.6	⑨⑩⑪	12
5	7	12	ブレスジャーニー	戸崎 圭太	1.49.6	⑨⑫⑤	9
単勝09番 860円 複勝09番 310円 06番 430円 04番 180円							
枠連4-6 3920円 馬連06-09 5670円 馬単09-06 10020円							
ワイド06-09 2070円 04-09 1020円 04-06 1350円							
3連複04-06-09 10140円 3連単09-06-04 68720円							

2019年6月15日(土) 3回東京5日							
東京11R ジューンステークス 芝 左2000m 10頭 雨 不良							
着順	枠番	馬番	馬名	騎手名	タイム	通過順位	人気
1	7	7	ジナンボー	D. レーン	2.05.0	①①①	3
2	3	3	シンギュラリティ	石橋 脩	2.05.2	⑤③③	1
3	4	4	サトノソルタス	津村 明秀	2.05.5	⑥⑧⑥	4
4	7	8	スパイラルダイブ	戸崎 圭太	2.05.7	③③③	2
5	5	5	サトノグラン	三浦 皇成	2.06.2	⑧⑧⑧	5
単勝07番 490円 複勝07番 170円 03番 120円 04番 180円							
枠連3-7 340円 馬連03-07 800円 馬単07-03 1620円							
ワイド03-07 350円 04-07 670円 03-04 350円							
3連複03-04-07 1580円 3連単07-03-04 8180円							

2019年6月16日(日) 3回東京6日							
東京11R 第24回 ユニコーンステークス ダート 左1600m 13頭 晴 重							
着順	枠番	馬番	馬名	騎手名	タイム	通過順位	人気
1	1	1	ワイドファラオ	福永 祐一	1.35.5	①①	3
2	5	8	デュープロセス	M. デムーロ	1.35.5	⑦⑤	2
3	6	11	ダンツキャッスル	幸 英明	1.36.0	③③	6
4	6	10	ヴァニラアイス	田辺 裕信	1.36.1	②②	8
5	3	4	エルモンストロ	蛯名 正義	1.36.1	⑤⑤	10
単勝01番 660円 複勝01番 280円 08番 150円 11番 400円							
枠連1-5 1310円 馬連01-08 1270円 馬単01-08 2450円							
ワイド01-08 570円 01-11 1770円 08-11 890円							
3連複01-08-11 5510円 3連単01-08-11 22120円							

2019年6月22日(土) 3回東京7日							
東京11R アハルテケステークス ダート 左1600m 13頭 小雨 重							
着順	枠番	馬番	馬名	騎手名	タイム	通過順位	人気
1	3	3	ワンダーリーデル	戸崎 圭太	1.34.8	⑨⑧	4
2	7	10	サトノアッシュ	野中 悠太郎	1.35.2	⑦⑦	12
3	4	5	ノーブルサターン	鮫島 良太	1.35.3	⑩⑩	13
4	1	1	ゴライアス	D. レーン	1.35.5	③④	1
5	7	11	ローズプリンスダム	柴田 大知	1.35.5	⑤⑤	8
単勝03番 550円 複勝03番 210円 10番 2010円 05番 3300円							
枠連3-7 6290円 馬連03-10 33490円 馬単03-10 51530円							
ワイド03-10 8360円 03-05 11400円 05-10 48740円							
3連複03-05-10 597990円 3連単03-10-05 2504480円							

2019年6月23日(日) 3回東京8日

東京11R　ウッドバイン競馬場賞パラダイスステークス 芝 左1400m 13頭 曇 稍重

着順	枠番	馬番	馬名	騎手名	タイム	通過順位	人気
1	5	6	ショウナンライズ	田辺　裕信	1.21.3	②③	6
2	4	4	ツーエムマイスター	野中　悠太郎	1.21.3	①①	10
3	7	10	キョウワゼノビア	中井　裕二	1.21.5	⑥④	7
4	3	3	ストーミーシー	大野　拓弥	1.21.5	⑩⑩	4
5	6	9	トミケンキルカス	柴田　大知	1.21.6	②②	5

単勝06番 1010円　複勝06番 380円　04番 740円　10番 320円

枠連4-5 1560円　馬連04-06 9690円　馬単06-04 18200円

ワイド04-06 2830円　06-10 1910円　04-10 3560円

3連複04-06-10 34150円　3連単06-04-10 203170円

●阪神

2019年6月1日(土) 3回阪神1日

阪神11R 第72回 鳴尾記念 芝 右2000m 9頭 晴 良

着順	枠番	馬番	馬名	騎手名	タイム	通過順位	人気
1	7	7	メールドグラース	D. レーン	1.59.6	⑦⑦⑦⑦	1
2	8	9	ブラックスピネル	三浦　皇成	1.59.8	①①①①	5
3	6	6	ステイフーリッシュ	藤岡　佑介	1.59.8	④④④②	4
4	3	3	ギベオン	福永　祐一	1.59.9	⑧⑧⑧⑧	2
5	5	5	ノーブルマーズ	高倉　稜	2.00.0	⑤⑥⑤⑤	6

単勝07番 270円　複勝07番 130円　09番 280円　06番 150円

枠連7-8 1250円　馬連07-09 1880円　馬単07-09 2600円

ワイド07-09 650円　06-07 300円　06-09 770円

3連複06-07-09 2380円　3連単07-09-06 11410円

2019年6月2日(日) 3回阪神2日

阪神11R　グリーンステークス 芝 右 外回り2400m 7頭 小雨 良

着順	枠番	馬番	馬名	騎手名	タイム	通過順位	人気
1	5	5	タイセイトレイル	中谷　雄太	2.27.0	④④⑤④	1
2	1	1	マイネルヴンシュ	国分　恭介	2.27.0	③③③②	2
3	4	4	ノチェブランカ	浜中　俊	2.27.8	⑥⑥⑥⑦	4
4	3	3	ララエクラテール	和田　竜二	2.28.0	④④③④	7
5	7	7	ネプチュナイト	藤岡　康太	2.28.2	⑦⑥⑥⑥	3

単勝05番 280円　複勝05番 140円　01番 160円

馬連01-05 530円　馬単05-01 1000円

ワイド01-05 210円　04-05 260円　01-04 360円

3連複01-04-05 750円　3連単05-01-04 2850円

2019年6月8日(土) 3回阪神3日

阪神11R　天保山ステークス ダート 右1400m 15頭 曇 重

着順	枠番	馬番	馬名	騎手名	タイム	通過順位	人気
1	2	3	ヴェンジェンス	幸　英明	1.22.2	④③	3
2	2	2	ファッショニスタ	川田　将雅	1.22.4	①①	1
3	7	12	スマートアヴァロン	松若　風馬	1.22.5	⑨⑦	11
4	4	6	フュージョンロック	北村　友一	1.22.5	②②	5
5	8	14	スズカコーズライン	酒井　学	1.22.6	③③	7

単勝03番 650円　複勝03番 170円　02番 110円　12番 550円

枠連2-2 660円　馬連02-03 690円　馬単03-02 1800円

ワイド02-03 320円　03-12 2350円　02-12 1320円

3連複02-03-12 6890円　3連単03-02-12 31760円

2019年6月9日(日) 3回阪神4日

阪神11R 第24回 マーメイドステークス 芝 右2000m 16頭 曇 良

着順	枠番	馬番	馬名	騎手名	タイム	通過順位	人気
1	2	3	サラス	松若 風馬	2.00.3	⑭⑮⑮⑮	7
2	8	16	レッドランディーニ	池添 謙一	2.00.3	⑪⑪⑪⑨	10
3	8	15	スカーレットカラー	岩田 康誠	2.00.4	⑩⑩⑩⑨	5
4	2	4	センテリュオ	北村 友一	2.00.7	⑭⑬⑬⑫	1
5	4	8	ウインクルサルーテ	高倉 稜	2.00.8	⑬⑬⑬⑮	16

単勝03番 1420円 複勝03番 500円 16番 950円 15番 410円

枠連2-8 1530円 馬連03-16 19380円 馬単03-16 33680円

ワイド03-16 5520円 03-15 2480円 15-16 3840円

3連複03-15-16 56780円 3連単03-16-15 391310円

2019年6月15日(土) 3回阪神5日

阪神11R 水無月ステークス 芝 右1200m 13頭 曇 稍重

着順	枠番	馬番	馬名	騎手名	タイム	通過順位	人気
1	4	8	ウインストラグル	川須 栄彦	1.08.7	①①	7
2	3	5	ラベンダーヴァレイ	福永 祐一	1.08.7	⑤④	5
3	2	3	タイセイブレーク	浜中 俊	1.08.9	⑬⑬	3
4	4	7	シャドウノエル	M. デムーロ	1.09.0	⑪⑩	4
5	6	12	クラウンルシフェル	高倉 稜	1.09.4	③③	13

単勝08番 2030円 複勝08番 530円 05番 250円 03番 190円

枠連3-4 760円 馬連05-08 10980円 馬単08-05 22440円

ワイド05-08 2790円 03-08 1490円 03-05 700円

3連複03-05-08 11850円 3連単08-05-03 110660円

2019年6月16日(日) 3回阪神6日

阪神11R 米子ステークス 芝 右 外回り1600m 11頭 晴 稍重

着順	枠番	馬番	馬名	騎手名	タイム	通過順位	人気
1	5	5	オールフォーラヴ	和田 竜二	1.34.7	②②	1
2	8	11	リライアブルエース	中谷 雄太	1.34.8	⑤④	2
3	7	9	シャイニービーム	西村 淳也	1.34.8	②③	11
4	3	3	コスモイグナーツ	国分 優作	1.35.0	①①	9
5	4	4	ストーミーシー	杉原 誠人	1.35.0	⑩⑩	5

単勝05番 420円 複勝05番 170円 11番 200円 09番 1270円

枠連5-8 1210円 馬連05-11 1250円 馬単05-11 2150円

ワイド05-11 480円 05-09 4010円 09-11 3780円

3連複05-09-11 18060円 3連単05-11-09 68790円

2019年6月22日(土) 3回阪神7日

阪神11R 垂水ステークス 芝 右 外回り1800m 18頭 晴 良

着順	枠番	馬番	馬名	騎手名	タイム	通過順位	人気
1	7	14	アイスストーム	武 豊	1.45.1	⑬⑫	2
2	5	9	ワイプティアーズ	和田 竜二	1.45.3	⑱⑰	7
3	8	16	シャンティローザ	M. デムーロ	1.45.8	⑰⑭	4
4	8	17	ハナズレジェンド	川須 栄彦	1.45.9	⑪⑤	16
5	8	18	トラストケンシン	幸 英明	1.46.1	⑭⑭	9

単勝14番 360円 複勝14番 160円 09番 400円 16番 310円

枠連5-7 1670円 馬連09-14 3500円 馬単14-09 5740円

ワイド09-14 1260円 14-16 780円 09-16 3030円

3連複09-14-16 13650円 3連単14-09-16 62900円

2019年6月23日(日) 3回阪神8日							
阪神11R 第60回 宝塚記念 芝 右2200m 12頭 曇 良							
着順	枠番	馬番	馬名	騎手名	タイム	通過順位	人気
1	8	12	リスグラシュー	D. レーン	2.10.8	②②②②	3
2	1	1	キセキ	川田 将雅	2.11.3	①①①①	1
3	8	11	スワーヴリチャード	M. デムーロ	2.11.6	④④③③	6
4	4	4	アルアイン	北村 友一	2.11.9	③②③③	5
5	2	2	レイデオロ	C. ルメール	2.12.1	⑥⑥⑤⑤	2
単勝12番 540円 複勝12番 180円 01番 140円 11番 260円							
枠連1-8 620円 馬連01-12 970円 馬単12-01 2210円							
ワイド01-12 340円 11-12 760円 01-11 630円							
3連複01-11-12 2720円 3連単12-01-11 14560円							

●函館

2019年6月15日(土) 1回函館1日							
函館11R HTB杯 芝 右1200m 10頭 曇 良							
着順	枠番	馬番	馬名	騎手名	タイム	通過順位	人気
1	2	2	レコードチェイサー	富田 暁	1.08.6	①①	1
2	1	1	オフクヒメ	坂井 瑠星	1.08.6	⑤③	7
3	3	3	オーパキャマラード	北村 友一	1.08.8	⑦⑥	2
4	6	9	イサチルルンルン	松岡 正海	1.08.9	⑧⑥	6
5	4	5	アリンナ	岩田 康誠	1.09.0	②②	4
単勝02番 240円 複勝02番 120円 01番 310円 03番 180円							
枠連1-2 2570円 馬連01-02 2390円 馬単02-01 3740円							
ワイド01-02 750円 02-03 360円 01-03 1370円							
3連複01-02-03 3520円 3連単02-01-03 17590円							

2019年6月16日(日) 1回函館2日							
函館11R 第26回 函館スプリントステークス 芝 右1200m 7頭 小雨 稍重							
着順	枠番	馬番	馬名	騎手名	タイム	通過順位	人気
1	7	10	カイザーメランジェ	江田 照男	1.08.4	①①	5
2	7	11	アスターペガサス	小崎 綾也	1.08.6	②②	2
3	8	13	タワーオブロンドン	D. レーン	1.08.6	⑤⑤	1
4	5	7	ダイメイフジ	松岡 正海	1.08.7	③③	4
5	2	2	ペイシャフェリシタ	岩田 康誠	1.09.0	③③	3
単勝10番 1570円 複勝10番 570円 11番 210円							
枠連7-7 1890円 馬連10-11 1910円 馬単10-11 3900円							
ワイド10-11 500円 10-13 430円 11-13 180円							
3連複10-11-13 1200円 3連単10-11-13 14460円							

2019年6月22日(土) 1回函館3日							
函館11R 大沼ステークス ダート 右1700m 14頭 雨 稍重							
着順	枠番	馬番	馬名	騎手名	タイム	通過順位	人気
1	6	10	リアンヴェリテ	国分 恭介	1.42.0	①①①①	2
2	3	4	ロードゴラッソ	藤岡 佑介	1.42.8	④③③②	1
3	3	3	プレスティージオ	国分 優作	1.42.8	②②②②	12
4	1	1	モズアトラクション	藤岡 康太	1.43.0	⑭⑭⑬⑩	4
5	7	12	フュージョンロック	富田 暁	1.43.0	③③③④	5
単勝10番 460円 複勝10番 170円 04番 140円 03番 820円							
枠連3-6 670円 馬連04-10 830円 馬単10-04 1860円							
ワイド04-10 360円 03-10 2490円 03-04 2440円							
3連複03-04-10 10610円 3連単10-04-03 43800円							

2019年6月23日(日) 1回函館4日							
函館11R UHB杯 芝 右1200m 15頭 曇 稍重							
着順	枠番	馬番	馬名	騎手名	タイム	通過順位	人気
1	3	5	ショウナンタイガ	池添 謙一	1.09.5	③②	1
2	2	3	イキオイ	丹内 祐次	1.09.7	⑦⑦	10
3	2	2	センショウユウト	藤岡 佑介	1.09.7	④④	5
4	4	6	シンデレラメイク	菱田 裕二	1.09.9	⑥④	2
5	4	7	ジェットコルサ	伊藤 工真	1.09.9	⑬⑪	9
単勝05番 360円 複勝05番 160円 03番 650円 02番 280円							
枠連2-3 1370円 馬連03-05 6320円 馬単05-03 9820円							
ワイド03-05 2080円 02-05 750円 02-03 3390円							
3連複02-03-05 15630円 3連単05-03-02 83570円							

1回函館　好走馬の傾向と対策

独自の分析による後半4レースの狙い目

河部洋人

1回函館初日（6月13日）
9R
3歳以上1勝クラス
ダート1700m

　2018年までは、人気の4歳降級馬と近走上昇気配の3歳馬が対決するレースで、上位人気に推された3歳馬は期待に応えていた。降級制がなくなった19年は、1番人気の3歳馬が4、5歳馬を抑えて勝利した。

　3歳馬はダート1700m戦の経験がなくてもいいが、4歳以上馬は経験が必須だ。伸び盛りの3歳馬に対抗できる4歳以上馬は、ダート1700m戦で勝利していることが必要だ。

　コーナーを4回通る小回りコースなのでスピード重視。前残りの要素が強く、差し馬は早めにまくる機動力が必要。

　3歳馬は前走が中央4場のダート中距離戦からの臨戦が強く、軽い斤量をいかして前々で立ち回って確実に上位争いに加わってくる。穴をあけるのは地方競馬の経験馬。
　今開催で1勝クラスのダート1700m戦は、平場戦が6鞍（2鞍は牝馬限定戦）、特別戦が1鞍組まれている。開催後半のレース検討は、前半のレース結果を参考にしましょう。

10R　駒ケ岳特別
3歳以上1勝クラス
芝2600m

1番人気馬が勝てず3着が精いっぱいだ。2019年は9頭立てのところ、1頭競走除外になり8頭立てだったが、例年11～12頭立てで3着以内は1～3番人気馬1頭に5番人気以下の馬が2頭ということが多い難解な一戦だ。

長距離適性が問われるレースで、芝2200mでの勝ち上がりが最低ラインで。芝2400mで勝利を挙げていれば信頼できるし、同じ芝2600mで場所を問わずに安定感を発揮していれば軸にできる。この条件を満たす3歳馬はほとんどいないので、このレースは4歳以上馬を馬券の軸にすべきだ。ただし芝の長距離戦で一度でも馬券になったことがある人気上位の3歳馬は押さえておいたほうがいい。

ロスなく立ち回れる最内の1枠が強力だ。5番人気以下での好走も多数あり、人気や脚質にかかわらず必ず押さえておきたい。

穴はダート好走馬、1800m以上のダート戦で勝利していれば馬券圏内が期待できる。人気薄の馬が馬券に絡むとすればこのタイプだろう。

11R　函館日刊スポーツ杯
3歳以上2勝クラス
芝1200m

2019年まではHTB杯として行われていたレースだ。理由はわからないが、今年の函館競馬は、このレースに限らずレース名や競走条件が変更になっていることが多く、注意が必要だ。

18年までは降級4歳馬が主役のレースだったが、降級制がなくなった19年は3歳馬に取って代わられた。多少オーバーペースでも前残りが利いていたが、近年は差しもよく馬券に絡んでいる。ただし開幕週なので極端に後ろすぎては届かない。脚質だけに絞れば先行、好位差しが抜群の安定感を誇っているので軸はこの中から。

2勝馬同士なら斤量面の恩恵がある3歳馬が圧倒的に強い。特に前走が重賞やオープン特別だったら休み明けでも狙える。2歳時に札幌、函館での実績があればプラスで、久々が嫌われて人気を落としていても手堅く好走できる。ただし小回りコースの多頭数レースの経験が少ない3歳馬は、揉まれ弱いとあっさり沈んでおり、460キロ以上の馬格が欲しい。400キロ前後の小兵は評価を下げたい。

4歳以上馬は、近走好走で上位人気に推された馬より、札幌、函館での好走があるのに近走不振で人気落ちになっている馬に要注意だ。

12R　遊楽部特別
3歳以上牝馬1勝クラス
芝1800m

2017年までは出走馬が多かったこともあり、馬券は荒れ模様で4歳以上の降級馬が強いレースだった。18年、19年は10頭立ての少頭数レースになり、1～3番人気馬が馬券圏内を独占した。4歳馬に降級制がなくなった19年は、勝ったのは4歳馬だが2、3着は3歳馬だった。それまでは初の古馬との対戦に戸惑うのか、人気になっても期待を裏切ることが多かった。

17年以前のように出走頭数が多くなっても、1800m以上のオープン特別や重賞に出走したことがある3歳馬は期待できるし、1800m以上の新馬、未勝利戦を勝ち上がっていれば馬券の軸にできる。

スタートから最初のコーナーまでが短く、すんなり隊列が決まれば前残りで決まるが、好位、中団からの差し馬がよく割って入ってくるので要注意だ。ただし真ん中より内をロスなく走れることが重要で、自在性を持ち合わせたタイプが特に強い。

1回函館2日（6月14日）
9R
3歳以上1勝クラス
芝1200m

今開催で1勝クラスの芝1200m戦は特別戦が2鞍、平場戦が4鞍（1鞍は牝馬限定戦）、合計6鞍組まれている。昨年までのこの条件の出走馬は10頭立てくらいからフルゲートまでばらつきがあったが、馬券的には上位人気馬2頭に5番人気以下の馬が1頭という組み合わせが多かった。

出走頭数の多少にかかわらず、馬券対象になるのは3、4歳馬で、特に牝馬の活躍が目立っていた。2019年の2日目に行われたこのレースは、降級制がなくなったのになぜか3歳馬の参戦がなく、上位人気の4、5歳馬が馬券圏内を独占した。今年は3歳馬が出走してくれれば馬券の主役になるだろう。

混合戦なので外国産馬が出走してくる。出走馬は少ないが馬券圏内にくることが多いので、人気薄でも押さえておいたほうがいい。

穴は5歳以上で、特に春シーズンを無理使いせず、良績がある札幌、函館コースを狙っていたと思われる馬だ。良績があっても人気にならないだろうから、押さえておいたほうがいい。

10R　木古内特別
3歳以上1勝クラス
ダート1700m

1～3番人気馬の3着内率が高く、そこに4番人気以下の馬が1頭絡むという結果になることが多いレースで、3連単ですら万馬券になることがほとんどない、本命党向きのレースだ。

ダート1700mの経験があり上位人気に推された3歳馬は信頼できるが、ダート1700m戦の経験がない3歳馬は人気になって苦戦することが多い。この距離が未経験の3歳馬が上位人気に推されていたら軸にしないほうがいいだろう。あまり人気になっていないが、ダート1700m戦の経験が豊富で、好走したこともある4歳以上馬が狙い目のレースだ。

11R　UHB杯
3歳以上3勝クラス
芝1200m　ハンデ

2019年までTVh杯として行われていたレースだ。19年も牝馬が勝利して10連覇を達成。牝馬の独壇場のレースで、16年、17年、19年は1～3着を独占、18年は1、3着が牝馬だった。牝馬は斤量を問わず期待以上の走りを見せている。

このレースはとりわけ他のレース以上に函館の経験値を優先。2歳時や下級条件で勝ち上がっていれば、馬券に絡んでくる。ハンデ戦らしくゴール前は混戦になるので、コース適性の高さがいきてくる。

1番人気馬が連対を外すことはないが、3着以内にくるのが人気薄馬2頭の年と、上位人気馬2頭の年が1年おきだ。16年は1、2、5番人気、17年は9、1、5番人気、18年は1、3、2番人気、19年は14、1、5番人気で決まったので、今年は1番人気馬を軸に、相手は上位人気馬に絞った馬券がお勧めだ。ただし隔年の馬券傾向が今年は崩れると思ったら、1番人気馬を軸に、相手に人気薄の牝馬をピックアップして穴馬券を狙う手もある。

12R　洞爺湖特別
3歳以上2勝クラス
芝1800m

2019年までは北斗特別として行われていたレースだ。19年のこのレースは事故のため、枠順発表前に5頭が除外になり、9頭立てのレースになってしまったので参考外。

ハンデ戦で行われていて最大7キロ差がつく年もあった。それでも斤量を背負っている実績馬が力通りに結果を残していたので、定量戦の今年の1番人気馬は、高い確率で3着以内を確保するだろう。脚質による有利不利もなく、逃げても差しても、とにかく自分の形を確立していることが重要。いきのいい3歳馬も堅実に走ってくるので必ず押さえよう。

勝ち馬は上位人気馬だが2、3着に下位人気馬がくる可能性がある。その波乱を生み出すのが6歳以上馬。

内枠優勢なのも顕著で、特に2、3枠の馬が馬券対象から外れることは滅多にない。人気上位馬がこの枠に入ったら信頼できるし、穴をあけた6歳以上馬たちは、この枠からの発走だった。

1回函館3日（6月20日）
9R
3歳以上1勝クラス
ダート1700m

初日9R、2日目10R木古内特別と同条件。レース傾向に大きな違いはないだろう。詳しくはそちらを参照してください。北海道シリーズはどの条件でも、コース得意の連闘馬に注意しましょう。

10R　八雲特別
3歳以上1勝クラス
芝1800m

2019年まで奥尻特別として行われていたレースだ。

2017年は3連単が27万馬券と荒れたが、それ以外は1〜4番人気馬が3着以内を確保するので、毎年比較的堅い決着になっている。

18年は断トツ人気の馬が逃げ切ったが、例年、簡単に逃げ切りは決まらず、先行馬が満を持して抜け出したところに、好位、中団からの差し馬が襲いかかるというレース展開だ。

前走が芝1800m〜2000mだった馬が好成績で、着順はともかく勝ち馬から0・7秒差以内くらいがここで好走する条件だ。

洋芝の経験は、札幌での好走歴も含めて評価できる。ただし3歳馬はその限りではなく、時計がかかる馬場が得意な欧州血統なら、初挑戦でも一気の覚醒が十分にある。

11R　STV杯
3歳以上2勝クラス
芝1200m

初日の函館日刊スポーツ杯と同条件のレースだ。そこから連闘してくる馬がいるだろうが、勝負掛かりとみて、押さえておいたほうがいい。その他の詳細はそちらを参照してください。

12R　長万部特別
3歳以上1勝クラス
芝1200m

1回函館開催で6鞍組まれた3歳以上1勝クラスの芝1200mの特別戦の第1戦で、馬券の主役は3歳馬だ。

２０１７年から３年間、１番人気馬がかろうじて３着を確保し、おとなしい馬券で収まっている。それ以前は、１番人気馬が凡走すると２、３番人気馬も馬券圏外になり、４～10番人気馬が乱舞し大荒れになるレースだった。

19年は様子が違ったが、毎年上位入線馬のほとんどが、前週の平場からの連闘馬で、18年は９頭の連闘馬が出走してきた。結果は１、３着が連闘馬。牝馬が優勢で17年は１～３着を独占した。連闘馬、牝馬、３歳馬のレースといっても過言ではない。

１回函館４日（６月21日）

９Ｒ

３歳以上１勝クラス

ダート１７００ｍ

初日９Ｒ、２日目木古内特別、３日目９Ｒと同条件のレース。

１勝クラスのダート１７００ｍ戦は、降級制がなくなったので３歳馬の活躍が目立つ。２０１９年は３歳馬が１、２着だった。

４コーナーで４、５番手以内にいることが必須条件なので、逃げ、先行、好位勢が強さを発揮する。また開幕週を使っての中１週もしくは連闘馬が、少なくても１頭は馬券に絡んでくる。

中央場所の実績で人気になっている、今回が初の函館コースとなる馬の取捨が難しい。同じ中距離戦とはいえ、中央場所で好走していても函館のダート１７００ｍはスピード重視なので、先行力がないと簡単には攻略できない。

10Ｒ　奥尻特別

３歳以上１勝クラス

芝２０００ｍ

２０１９年まで湯川特別として行われていたレースだ。16年、18年は１番人気馬が１着、17年、19年は４着以下に敗退した。１年おきに１番人気馬が勝っているが、１着にこないときは馬券圏外になってしまうレースだ。今年は１番人気馬が勝つだろう。

出走馬が10頭未満なら、逃げ、先行馬１頭、差し、追い込み馬２頭という組み合わせになることが多い。

出走馬が12頭以上になると、逃げ、先行馬は大苦戦、馬券圏内は差し、追い込み馬が独占する。しかも早めに動くと目標にされて捕まるのがこのレースの怖さ。ゴール付近で接戦になりやすいのはそのためで、どんな状況、展開でも力を出し切れ、２、３着が多い善戦マンが頼りになる。クラスで何度か掲示板に載っている馬はモレなく押さえておこう。

11R　函館スプリントS（GⅢ）
3歳以上オープン
芝1200m

2019年は事故のため6頭が競走除外になり、7頭立てのレースになってしまったので参考外。

18年はなぜか参戦馬がいなかったが、それまでは3歳馬の活躍が目立つレースだった。16年、17年と斤量50キロの牝馬が連覇し、16年は52キロの牝馬と大接戦のワンツー。15年は12番人気の牝馬が3着、14年も牝馬が3着に入って今やレースに欠かせない存在となっている。ちなみに3着以内にきた3歳馬の前走はGIレースで着順は不問だ。

3歳馬が勝利していた2年間はレコード決着。心身ともに伸び盛りの夏場に、走りやすい開幕週の馬場でで、斤量差のアドバンテージも大きいので、出走してくれれば人気の有無にかかわらず中心は3歳。

これに立ちはだかる4歳以上馬は、洋芝慣れしていれば好走する度合いは高まるが、前走が初オープン勝ちと勢いがあるか、もともとの実力馬が近走不振でここで人気を落としているといったタイプが狙い目だ。いわゆる洋芝巧者が適性だけで上位を占める時代は終わった。それでも洋芝適性を発揮するのは6歳以上馬。穴に化けるのはコレ。

1番人気馬が大不振で、13年～17年まで5年間3着以内にきたことがなかった。18年は前走GI3着だった5歳牝馬が1番人気馬で馬券に絡んだが、それでも3着が精いっぱいだった。

12R　津軽海峡特別
3歳以上2勝クラス
ダート1700m　ハンデ

2019年まで檜山特別として行われていたハンデ戦。人気に関係なくハンデ52キロ以下の馬が6年連続で連対し、牝馬や3歳馬が強いレースだ。

1～3番人気馬のうち1頭が3着以内を確保するが、2桁人気馬も含む8番人気以下の馬が3着以内にきて、3連単は毎年10万馬券になる大荒れレースだ。2016年8、3、4番人気、17年3、7、8番人気、18年2、3、11番人気、19年1、10、8番人気と捉えどころがない。前走掲示板内で今回1～3番人気に推された馬が1頭、あとの2頭は前走掲示板を外した馬だ。勇気をもって買わないと的中に至らないレースだ。

56キロ以上のハンデを背負わされた馬は人気になっても信頼度は低いので、軸馬にせず押さえに回すのが無難。函館滞在組が好成績で、昇級馬や連闘馬でも手堅く上位争いをしているし、函館コースに実績がありながら前走で敗退し、ここで人気落ちになった馬が穴に狙える。19年の

1、3着馬のように、左回りのダート戦に良績が多い馬が活躍しているのをお忘れなく。

1回函館5日（6月27日）

9R
3歳以上1勝クラス
芝1200m

2日目9Rと同条件のレース、詳しくは3日目12R長万部特別と併せて参照してください。

10R　北斗特別
3歳以上1勝クラス
芝1800m

2019年までは恵山特別として行われていたレースだ。

10頭以下の少頭数なら逃げ、先行馬が優勢だが、フルゲートに近づけば近づくほど差し馬が優勢になって、追い込み馬も馬券圏内に入ってくる。出走頭数によって軸にすべき馬を変える臨機応変さが求められる。

15頭立てだった2017年は、中団からの差し馬が1、3着、後方からの追い込み馬が2着、10頭立てだった18年は、1着は逃げた6番人気馬、2、3着は先行した1、2番人気馬で決まった。その中間の12頭立てだった19年は、2、3番手につけた馬が1、3着、2着は中団からの差し馬だった。

今開催の函館の未勝利戦を勝ち上がった馬、1勝クラス戦を使われた馬など、3歳の活躍が目立つ。馬券の軸は3歳馬だ。

4歳以上馬で警戒すべきは、近走不振でも函館、札幌で連対経験がある馬だ。また兄弟に洋芝巧者がいれば激走率が増すので下調べは丹念に。

11R　湯の川温泉特別
3歳以上2勝クラス
芝1200m　ハンデ

初日の函館日刊スポーツ杯、3日のSTV杯と同条件だが、こちらはハンデ戦。2019年の同条件レースUHB杯は、ハンデ頭が54キロ、最軽量が51キロという特異なハンデ戦だった。例年は、良馬場で前残りが利いていれば52キロ前後の軽ハンデが激走し、少しでも馬場が渋って底力を問われる状況になると、実績を積み上げているトップハンデ馬が台頭している。芝の状態や気象条件で傾向が大きく変わってくるので、内伸びや外伸びなど当日の傾向はよく確認し、予想に反映させたい。

毎年、前走がHTB杯（今年は函館日刊スポーツ杯）だった馬が馬券圏内にきている。函館、札幌での好走歴のある馬だったら馬券の軸にしてもいいくらいだ。1200m以外の距離でも好走歴のある馬が好成績だ。ハンデ戦なので、ゴール前は接戦になりやすく、長めの距離でのレース経験がいきてくる。

3歳馬は、毎年多頭数競馬になり、厳しいレース展開になるためか、人気に応えられないことが多かった。4歳降級制がなくなっているので、重賞、オープン特別に出走経験がある3歳馬には注意が必要だ。

12R　檜山特別
3歳以上2勝クラス
ダート1700m

2019年まで津軽海峡特別として行われていた定量戦だ。過去7年をさかのぼっても、3着以内馬は逃げ、先行、好位差しのいずれかで、後方からの差し、追い込みは不発だ。2015年、18年に6歳馬が勝利、19年も2着だったように、勢いのある4、5歳と互角に渡り合っている。このレースは18年までは3歳馬の出走はほとんどなかったが、19年は降級制がなくなり3歳馬の出走が増えるかもしれないと思ったが1頭もいなかった。今年3歳馬の出走があったら、重賞、オープン特別に出走経験がある馬は要注意だ。

ここも何よりスピード重視。小倉や福島も含め、ローカルの中距離戦で常に前々で運べている馬が強さを見せる。1分44秒台と速い時計で勝ち上がっていれば即通用。

18年は初ダートの馬が6番人気で勝利し、2番人気、11番人気で決まり、3連単が68万馬券と大荒れになったが、それ以外は、ダート1700mに実績がある人気馬が勝利し、堅く収まるか、ヒモが狂って中波乱になるレースだった。中波乱を演出するのは、阪神、京都のダート1800mに良績がある馬だ。

1回函館6日（6月28日）
3歳以上1勝クラス
ダート1700m

4日目9Rと同条件、詳しくはそちらを参照してください。ただしこのレースは混合戦で外国産馬が出走してくる。頭数は多くないが、毎年のように馬券に絡むので、すべて押さえておいてもいいくらいだ。

10R　立待岬特別
3歳以上1勝クラス
芝1200m

3日目12R長万部特別と同条件のレース。詳しくはそちらを参照してください。

1回函館開催で6鞍組まれた1勝クラス芝1200m戦の最後のレースだ。これまで行われた5鞍の結果を参考にしましょう。

11R　大沼S（L）
3歳以上オープン
ダート1700m

1番人気馬を軸に、相手は2桁人気まで広げて3連複、3連単を買うレースだ。

2016年1、3、7番人気、17年1、11、5番人気、18年6、1、10番人気、19年2、1、12番人気で決まっている。

とにかくスピードと機動力重視。3着以内にくる馬のうち2頭は4コーナーで3番手以内にいるし、もう1頭も5、6番手に位置しないと届かない。脚質に絞れば逃げ、先行、好位差しまで。正攻法の差し、追い込みの出番はなく、序盤から積極的に運べる馬が圧倒的だ。

毎年のように勝ち負けになっているのは、経験豊富なベテラン馬。16年7歳馬、17年6歳馬、18年7、8歳馬、19年6歳馬が3着以内にきて穴馬券の主役になっている。函館や札幌のダート1700mでスピード任せに圧勝していれば文句なし。併せて強いのが、中山や京都のダート1800m実績馬で、これらでマクリ切る形での勝利経験があれば軸に最適。

穴で警戒すべきは、勝利実績が1400mまでにしかなかった馬。また斤量面が優遇される3歳馬の参戦は少ないが、出走してきたら押さえておいたほうがいい。

12R　松前特別
3歳以上2勝クラス
芝2000m

2019年まで洞爺湖特別として行われていたレースだ。

1番人気馬が安定した成績で、このレースは6年連続で連対を確保し、相手は4、11、2、2、9番人気だ。上位人気馬に絞るか、下位人気馬まで広げるか、悩ましいレースだ。

2日目12R洞爺湖特別からの臨戦馬が活躍するだろう。ここで掲示板に載っていれば信頼度は高い。今年の函館で1勝クラスを勝ち上がった馬も有力候補だ。また、逃げた馬は2016年以降、3、2、1、1着で、人気の有無にかかわらず3着以内を外したことがない。ちなみに19年の1着馬は、9頭立て9番人気の逃げ馬だった。

エアジハード

背中合わせの運命

主戦騎手＝蛯名正義
オーナー＝㈱ラッキーフィールド
調教師＝伊藤正徳
担当厩務員＝仲野英明
生産牧場＝千歳・社台ファーム
生年月日＝平成7年4月9日
記録＝春秋マイルＧⅠ連覇
生涯獲得賞金＝3億6000万4000円
タイトル＝'99最優秀短距離馬
'99最優秀父内国産馬
生涯成績＝12戦7勝
父＝サクラユタカオー
母＝アイシーゴーグル
(母の父ロイヤルスキー)
走破距離＝1万8400メートル
(平均1533メートル)
走破時計＝18分8秒0
デビュー＝平成9年12月7日、中山5Ｒ・新馬（1着）
最終レース＝平成11年11月21日、京都11Ｒ・マイル CS（1着）
現役年数＝2年
馬名の意味＝エアはオーナーの冠号、ジハード（Jihad）は聖戦の意。

全成績

開催日	場所	レース名	距離回り	重量	騎手	頭数	馬番	人気	着順	タイム	走り方	体重
9.12.7	中山	混指・新馬	1200右良	54	武豊	10	5	1	①	1.10.8	直抜出	466
10.2.1	東京	カトレ500混指ダ	1200左良	55	武豊	15	11	3	①	1.13.6	直一気	470
3.22	中山	フジTV賞指	1800右稍	56	武豊	15	8	2	4	1.50.1	後伸る	482
5.17	東京	NHKマイル混指	1600左稍	57	橋本広	17	16	10	8	1.34.5	後漸進	478
10.18	東京	指・900万	1600左重	55	橋本広	9	7	1	①	1.36.4	直一気	490
11.14	東京	奥多摩1600混指	1400左良	55	橋本広	14	7	2	①	1.22.2	先抜出	492
11.28	東京	富士Ｓ指国	1400左良	54	橋本広	15	5	4	①	1.23.0	好抜出	498
11.4.25	新潟	谷川岳OP混指	1600右良	56	橋本広	15	14	1	2	1.32.5	直一先	498
5.15	東京	京王杯SC指国	1400左良	56	蛯名	18	18	4	2	1.20.6	先行粘	500
6.13	東京	安田記念指国	1600左良	58	蛯名	14	12	4	①	1.33.3	直競勝	494
10.31	東京	天皇賞（秋）指	2000左良	58	蛯名	17	1	5	3	1.58.2	直一先	498
11.21	京都	マイルCS指国	1600右良	57	蛯名	18	6	1	①	1.32.8	直抜出	504

レース前、オッズを見たら、1番人気はタヤスアゲイン、そして2番人気はエアジハードだった。

平成10年のスプリングSである。

タヤスアゲインが1番人気になるのは、誰が見ても当然のところだった。デビュー以来の成績が②①①①①③着。2戦目の新馬戦を勝ったあと、ダリア賞、芙蓉S、いちょうSとオープンの特別戦を立て続けに勝ち、そのあと骨折で4カ月の休養を余儀なくされたが、復帰初戦の前走、重賞のアーリントンCでダブリンライオンの3着に追い込んできていたのだ。ダブリンライオンとの差はわずか0秒3。そしてこのとき、阪神の芝1600メートルに1分34秒9という好タイムをマークしていた。

この時計は、スプリングSに出走してきた15頭のなかで、文句なしのナンバーワン。そもそも、このときのスプリングSは、前走で重賞レースに出走していた馬が、タヤスアゲインのほかにたった3頭だけ。インテリパワー、ドクトリン、ビルドアップリバーしかいないという組み合わせだった。しかも、インテリパワーとドクトリンは、前走の共同通信杯4歳Sで、勝ったエルコンドルパサーからそれぞれ、1秒5、2秒4という大差をつけられていた。ビルドアップリバーは前走の京成杯で、マンダリンスターから0秒4差の3着に食い下がっていたが、その走破タイムは、芝良の1600メートルで1分37秒2という低レベル。これでは、アーリントンCにおけるタヤスアゲインの1分34秒9を引き立てるだけだった。

だから、タヤスアゲインが1番人気になったのは当然なのだが、意外なのは、エアジハードが2番人気になっていたことだった。

エアジハードは、デビュー以来2戦して①①着。たしかに、土つかずの出走というところに魅力はあったのだが、デビュー以来の2戦というのは、ともに1200メートル戦だったのである。1200メートルまでしか経験のない馬が、いきなりの1800メートル、それも重賞初挑戦でGIIにぶつけて、はたして息がもつのかどうか。

ふつうに考えて、新馬と500万下の経験しかないエアジハードよりは、前走、オープンのヒヤシンスSを4馬身のぶっち切りで勝っていたタマモタクトか、前走、不良馬場の芝1800メートル戦を1分51秒3という、馬場状態からすれば上々の時計で勝っていたコンキスタクラウンが2番人気を争うかたちになるのが当然と思われたのだが、コンキスタクラウンは3番人気、タマモタクトは4番人気だった。1200メートルまでしか経験のないエアジハードが2番人気だったのだ。

おそらく、メンバー中ただ1頭の無敗馬ということで、エアジハードが底の割れていないところを買われたということなのだろう。

しかし、距離経験の不足はさすがにきつかった。

エアジハードは前半無理せず、後方から徐々に脚を伸ばし、直線勝負にかけたのだが、4着まで追い上げるのが精いっぱいだったのだ。

勝ったのは、15頭のうち、ただ1頭だけ芝の重賞を勝った実績（新潟3歳S1着）をもっていたクリールサイクロン。前2走とも2000メートル戦で末を甘くして、③⑦着に敗れていたため、クリールサイクロンは7番人気という人気薄で、おまけに2着に11番人気のセイクビゼンが飛び込んだため、馬連は5万5220円という大穴になった。
レース後、成績を見ているうちに、ふと、エアジハードに似た馬が昔いたよなあと思い浮かんできた。
それもたしか、同じようにスプリングSに出走していた馬だったような気がする。
それでさっそく、手元にあった資料を引っくり返して調べてみたら、すぐに見つかった。昭和62年のスプリングSで4着したモガミヤシマが、エアジハードにそっくりの馬だったのだ。
ここに、モガミヤシマのデビューから3戦のレース成績を列記してみよう。

〈モガミヤシマ〉

新馬　ダート1200メートル　1着　桜草特別　芝　1200メートル　1着

スプリングS　芝　1800メートル　4着

これに対して、エアジハードのデビューから3戦のレース成績はこうなっている。

〈エアジハード〉

新馬　芝　1200メートル　1着　カトレア賞　ダート1200メートル　1着

スプリングS　芝　1800メートル　4着

瓜ふたつといっていいくらいそっくりである。ダートと芝の1200メートル戦で、新馬と500万下の特別を勝ったところがまず同じ。そして、スプリングSで4着したところまで同じなのだ。

このことに気が付いたとき、エアジハードは、モガミヤシマと同じ道を歩むに違いないと考えた。モガミヤシマは、4戦目の皐月賞で4着したあと、5戦目にNHK杯を勝っていた。たぶんエアジハードも、これと同じような道を歩むのではないかと思った。

ところが、そうはならなかったのだ。エアジハードは、ゲート試験に合格しなかったために、皐月賞に出走できなかったのである。そのためレース間隔があき、4戦目はNHKマイルCということになった。モガミヤシマがNHK杯を勝ったように、エアジハードもNHKマイルCを勝つのではないかと考え、NHKマイルCで単勝を買い、馬連は総流しをかけたのだが、エアジハードは出遅れたうえにもまれて8着の凡走――。

しかし、いま、両馬の戦績を比べてみて、あらためて思うことがある。運と不運は、まさに背中合わせなのだ。

1200メートルまでしか経験がないのに、スプリングS、皐月賞、NHK杯とクラシックロードに挑戦しつづけて、結果、そのあと10カ月、1年7カ月という2度の長期休養を余儀なくされたモガミヤシマと比較して、エアジハードは、ゲート試験に通らなかったことが、逆に、無理せずゆっくりのローテーションを生み、それが、5歳（旧年齢表記）時におけるGI2勝につながったのではないかと思うのである。

ちょっとしたことで運命が分かれるのは、人間も馬も同じかと、しみじみ思うしかない。

●おとなの馬券学No.159は6月12日(金)発売です。

緊急事態宣言下の競馬と出版の行方

出版の仕事始めて50年、仕事ならではの面白さを数多く体験したが、いろいろな災難にも出会った。最初は1970年代のオイルショック、その後は1990年代前半のバブル崩壊、2000年代後半のリーマンショック、2011年の東日本大震災。つらい出来事はこれで終わりかと思っていたら、コロナウイルス禍が待ち構えていた。

JRA競馬は2月29日から無観客で行われ、本場、場外馬券売り場を閉鎖し、馬券は電話・インターネット投票限定販売にした。

平常時から馬券売り上げの80%前後は電話・インターネット投票だった。そのため無観客競馬でも馬券売り上げは大きく落ち込むことはなく、在宅で無料のグリーンチャンネルを見ながら午前中から馬券を買う人が増え、正常開催だった前年同日比を上回る日さえある。よほどのことがなければ、本場か場外で馬券を買っていた私も、電話投票で馬券を買わざるを得ない。

コロナウイルス禍による緊急事態宣言が出されてから、大手チェーン店を中心に全国各地で書店が休業してしまった。近年出版物はネット書店の扱いが増えているが、小社の場合売り上げの90%は書店販売だ。私は、馬券は本場か場外で、本は書店で現物を見て、と思っている。

緊急事態宣言が出ているうちは、公私ともにじっと我慢の子でいるしかないだろう。それにしても、東京オリンピック開催と、膨れ上がる外国人観光客への対応を間違え、国民に塗炭の苦しみを味わわせている安倍晋三内閣総理大臣、森喜朗東京オリンピック・パラリンピック競技大会組織委員会会長、小池百合子東京都知事の職務責任は大きい。それぞれの立場で、万難を排して コロナウイルス禍から日本を立て直す責務がある。それを果たせないとすれば、この3名は職を辞すべきである。

(大島)

おとなの馬券学《ばけんがく》No.158

二〇二〇年五月二九日発行

編集・発行人　大島昭夫

発行所　株式会社ミデアム出版社

東京都杉並区下高井戸二―一七―一八
電話　〇三（三三二四）一二七五
郵便番号一六八―〇〇七三

表紙・本文イラスト　西井陽二郎
表紙デザイン　安田清伸
本文DTP　トモスクラブ

印刷・製本　図書印刷

定期購読のご案内は5ページをご覧ください。

ISBN978-4-86411-119-5

printed in Japan